U0563884

淡化神权，用天命观改造神崇拜。

这使华夏文明迈出了从神治走向人治的第一步。

大美中国 ｜ 两周卷

所思远道

陈炎　主编
廖群　著

上海古籍出版社

图书在版编目（CIP）数据

所思远道：两周卷 / 陈炎主编；廖群著 . —上海：
上海古籍出版社，2017.9
（大美中国）
ISBN 978-7-5325-8527-4

Ⅰ . ①所… Ⅱ . ①陈… ②廖… Ⅲ . ①文化史—中国
—周代 Ⅳ . ①K224.03

中国版本图书馆 CIP 数据核字（2017）第 167883 号

大美中国 两周卷

所思远道

陈 炎 主编

廖 群 著

上海古籍出版社出版、发行

（上海瑞金二路 272 号 邮政编码 200020）

（1）网址：www. guji. com. cn
（2）E-mail：gujil @ guji. com. cn
（3）易文网网址：www. ewen. co

上海中华商务联合印刷有限公司印刷

开本 787×1092 1/32 印张 12 插页 11 字数 170,000
2017 年 9 月第 1 版 2017 年 9 月第 1 次印刷
印数：1—3,050

ISBN 978-7-5325-8527-4

G·658 定价：52.00 元

如有质量问题，请与承印公司联系

前　言

随着周王朝取代了商王朝的统治，一个完全不同于殷商神秘主义的崭新文化形象逐步显露出了它的面容。

它淡化神权，加强王权。用天命观改造了殷人的神崇拜，这使华夏文明迈出了从神治走向人治的第一步。在这一基础上，周人的天神变成了有理性、有判断力的神明，审美观也从喜爱美食、歌舞的物质层面，提升到了喜爱优良品德的精神层面。这样改造的结果，无形中便把人自身推到了历史的最前台。

　　与此相匹配、最代表周代文化特色的"制礼作乐"登上了历史舞台。包括祭祀之礼、庆典仪式之礼、日常行为规范之礼在内的种种礼节规定，营造出"其乐融融"、心平气和的文化氛围，与此同时也塑造了人们规矩中节的性格。这显然是一种剥蚀掉巫神色彩而更富于人格的"文质彬彬"的文化形象。

　　于是一些变化油然而生：音乐歌舞，讴歌的是人为的努力和成功；生活方式，装点出的是一种规矩典雅的风范；被凶猛兽纹占据着基本画面的青铜礼器，如今换上了大幅笔画方正圆柔的铭文。就华夏的审美理想来看：周把审美文化的"中和"色彩，书写在了华夏美学理论的第一页上。这也是中国审美文化真正走向独特发展道路的转折点和标志。

　　然而，严格从历史概念上来说，前文所述周人创造的礼乐文化主要体现在西周至春秋中叶，东周后期华夏审美的风向开始向战国新的文化时代转变。

　　这是一个经历了春秋后期礼崩乐坏而失去统一话语的时代，因而也是一个解除了束缚、富于进取和创造激情的时代。在这里，历史书写下的是"胜者英雄败者贼"。

　　固有的礼法、固化的阶层被打破，搅乱了人们宁静、平和的心绪和生活，也带来了更多的机遇、欲望。这便使战国时代的审美文化呈现出了盛况空前的多姿多彩，主要表现在：

　　这是一个理性精神空前张扬的时代，是一个独立思考、创造体系的时代。"百家争鸣"而起，儒、墨、道、名、法、阴阳、农、纵横、杂、小说等诸子学派，可谓流派纷呈，思想家荟萃，共同营造出春秋战国之际思想史的辉煌。

　　这是一个散文大发展的时代。文籍著述的空前丰收带来了散文艺术的全面成熟。这些散文大多凸显个性风采，从而创造了战国文学丰富多姿的盛大景观。

　　这是一个脱离了礼乐功能而更趋艺术化的时代。率真任性、激楚人心的新乐带着不可抗拒的魅力而来，讲究的只是好听、好看。至于雕塑绘画、工艺美术，也随着审美风潮的变化而更加日用化、生活化、情趣化。

　　这就是战国。放飞自我，就是它一切审美文化的主题。

目　录

周代礼乐的人文风貌

在殷商帝国的西北边陲，有一个臣服于它的方国部落，当年君临天下的殷商君主恐怕绝没有想到，将来自己的王朝会栽在这个本不怎么起眼的小方国手里。这个后来取殷商而代之的部族，就是周。

周人曾是"大国殷"的附属，从他们在自己的都城内建立殷商宗庙、祭祀殷商先王来看，起码表面上一直都很顺服。而且，周人还曾是殷人对付西方戎狄的支柱。《周易·未济·九四》称"震用伐鬼方，三年有赏于大国"，显然周人伐鬼戎是受殷王之命。据古本《竹书纪年》，此事发生在周先公太王季历之时，所谓"武乙三十四年，周王季历来朝，三十五年，周王季历伐西落鬼戎，俘二十翟王"[1]。

这表明，至季历时，周人已有较大的发展。大概也就是自此开始，周人一方面表面上与殷商大拉关系，包括与殷商属下的东方国家通婚；另一方面，暗中却极力扩大自己的地盘，至季历之子文王时代，周人已经接连征服了昆夷、虞、芮、密、阮、共、崇等族，闹到了"三分天下有其二"的地步，从而为武王伐纣灭殷商的牧野之战打下了坚实的基础。

周人最终能够取代殷商，自然离不开几代人所积聚的雄厚实力，包括通过武力的和政治的手段对各方国部落的征服和争取；而决定殷周命运的那一场牧野之战的结果，在很大程度上却也取决于殷人自己内部政治的因素。殷纣王在位多年，专横荒淫，已经引起多方不满；杀王子比干，囚箕子，更是火上浇油，人心思离。正是在这个关节口，周武王不失时机地会师商郊牧野，结果"其会如林"的殷师倒戈，周人竟长驱直入。古人称此役周人"无首虏之获，无蹈难之赏"（《荀子·儒效》），殷商士卒的"不抵抗主义"，竟使周武士徒练得一身本领而无用武之地，失去了建功邀赏的难得机会。一夜之间，周人由殷商帝国的属臣变成了中原大地的领主。

较之已经有数百年文化发展史的殷商大国，新兴的"小邦周"文化根基当时还比较薄弱，据称周初文化包括文字在内，都是接受了殷人固有的成果，近年周发祥地周原出土的甲骨即与殷墟甲骨大多类似，可见出于殷人巫史之手的文字在周人那里早已得到广泛认同。周初史官也出自殷，近年发现有微氏家族铜器群，微氏就是商贵族微子启安排在周王朝当质子的儿子的后裔，其子孙有的便在周王朝担任作册，即史官[2]。或许由于殷人并未抵抗周人的入主，更出于安抚民心、消弭反抗的考虑，周对被征服的殷人并未采取赶尽杀绝的手段，相反，甚至没有进驻殷都，而是仍立纣王之子武庚，使"守商祀"，统治殷商王畿故地，周只是派管叔、蔡叔、霍叔作为三监，监督殷臣。殷人各部族集团得以完整地保存下来。

面对这样一个庞大发达的已经有自己悠久文化传统的被征服民族，如何才能在中原站稳脚跟？又如何才能使人们心悦诚服地认可自己作为统治者的正统形象？这些都是周初统治者必须正视的现实问题。正是在这种必须面对现实的思考中，周人变得成熟起来。

首先，他们用天命观改造了殷人的至上神崇拜，这一宗教领域的观念更新，使他们迈出了从神治走向人治的第一步。

如上所述，周建国伊始面临许多问题。而在观念意识领域，首先要回答的便是他们作为"小邦周"凭什么取代了"大国殷"。那个庇护殷商、永保王命的"帝"和祖神又到哪里去了？周人在这场历史变故中已经看到，民心向背及统治者个人素质等人为因素对于殷周力量消长实际上起了很大作用。也就是说，天算不如人算，上帝赐福与否看来也因人而异。于是，他们首先拿殷人的宗教开了刀，偷梁换柱，形存实移，把那些血食成性、喜怒无常的大小神祇，塑造为更高一级的有理性的无限关怀下民的冥冥主宰——天，这位仁慈的天神总是选派那些德行好的人作为自己在下界的代理，周族君王正是得民心、善理政，才受到天神的青睐，以至于取代了殷商在中原的统治地位；而殷商统治者则因搞得众叛亲离，遂失去了天命的保佑，失去了君王的宝座。所谓殷人受天命"不其延"，"惟不敬厥德，乃早坠厥命"（《尚书·召诰》），说的正是这个意思。于是，这种天命观便成了周革殷命最好的理论说辞。周公对殷遗民就是这么说的：

> 非我小国敢弋殷命，惟天不畀允罔固乱；弼我；我其敢求位？惟帝不畀，惟我下民秉为，惟天明畏。（《尚书·多士》）

这里，周公十分"诚恳"地解释，并不是我们周人敢于颠覆殷的国运，而是上天不愿将天下给予那些冥顽乱国之人，所以转而辅弼我们周人；并不是我们周人一定要求取王位，只是上天不再把国运给予你们，这乃是因为我们的民众更能顺从教化。皇天上帝是要奖善惩恶的，所以周才能取殷而代之。就这样，周王的夺位变得天经地义，归于正统。

表面看来，这里仍有一个护佑本族的天神上帝，似乎与殷商人的至上神崇拜并无大异。然而细细寻绎就会发现，周人的这种天命观其实已经发生了微妙的变化。殷商人的至上神作为整个宇宙的主宰，较多带有自然的属性，他护佑殷人只是因为那是其后裔，没有多少道理可讲，人们取得他欢心的办法只在于奉献牺牲，供其歌舞，诚惶诚恐，顶礼膜拜。而周人的天神却变成了有理性、有判断力的神明，而且较之美食歌舞，他似乎更喜欢下民的优良品德，正所谓"皇天无亲，惟德是辅"（《尚书·蔡仲之命》）。这样改造的结果，无形中便把人的因素推到了历史的最前台。道理很简单，既然皇天没有先天命定的偏袒对象，而是专门护佑那些有德之人，那么是否得到天神的青睐，关键不就看你自己的努力了吗？

从此，周人对天地鬼神的态度也发生了微妙变化。一方面，他们把天神抬到了更高的位置，世间万事万物，包括君臣百姓的一举一动，无不在皇天上帝的监临之下，所谓"皇矣上帝，临下有赫，监观四方"（《诗经·大雅·皇矣》）；对天地鬼神的祭祀，也似乎恭敬有加，并认真做了种种细致的规定，所谓"郊祀后稷以配天，宗祀文王于明堂以配上帝，四海之内各以其职来助祭，天子祭天下名山大川，怀柔百神，咸秩无文；五岳视三公，四渎视诸侯，而诸侯祭其疆内名山大川，大夫祭门、户、井、灶、中霤五祀，士庶人祖考而已，各有典礼，而淫祀有禁"（《汉书·郊祀志上》），举国诸侯都要不远千里亲自来参加对天帝神祖的祭祀，可谓对神不薄。然而另一方面，他们祭祀却难得真心奉献牺牲。人祭已是基本禁绝，而代之以俑。即使用牲，也少得可怜，周公营洛邑，祭天时只杀了两头牛，所谓"用牲于郊，牛二"，祭地时只杀了"牛一、羊一、豕一"（《尚书·召诰》）；洛邑修成，成王亲往视察，并祭祀文王、武王，也只是"文王骍牛一，武王骍牛一"（《尚书·洛诰》）。这较之殷商时的几百头甚至上千头牺牲，其对神灵的真正态度，不啻天壤之别。这不能不使人怀疑周人对神鬼的虔诚。看来周人对于祭神，大有摆摆形式应个景的味道。关于祭祀，那些繁缛的等级规定，那对淫祀的禁绝，也似乎更偏于政治上的用心。祭祀鬼神，已不再是真的要向神灵表示忠心，而更多的是做给人看，也成了他们加强政治凝聚力的一个重要手段，这大概就是"周人尊礼尚施，敬鬼事神而远之"（《礼记·表记》）的意思了。

　　与这种对鬼神的敷衍态度正相反，周人对于人治，也即如何加强王权政治，却是颇费了心机。结果是，以他们固有的父权制家族公社为基础，以殷亡为鉴戒，以"屏护周室"、维系广大区域为旨归，通过大举分封，建立起了一个以血缘关系为纽带的完整的宗法政治体系。这个体系千头万绪，归纳起来一句话，这就是以治家、治族之法行治国之政。

　　先周本是一个以农业兴邦的方国部族，与之相适应，其社会结构基本上还是一种家族公社式的组织形式，其标志就是父权，以及族长、家长对族人、对家庭成员的支配。这种组织所面临的问题主要也是家族中兄弟之间的关系和家族、家庭成员间上下尊卑亲疏远近的关系。周人所建立的宗法制便是把这一整套家族关系体系搬到国家体系的设置中，明确规定了嫡长子继承王位的世袭制和余子分封的分封制，并由此确立了大宗与小宗的关系和区别。周天子作为承受神命的正宗，其嫡长子是理所应当的王位继承者，嫡长子长孙代代相承，即为大宗，嫡长子称宗子，又称宗王。其他嫡子、庶子及宗族其他成员、姻亲则按亲疏远近分封到王畿以外的各个区域，赐予土地、人民的使用权，称为小宗，形成诸侯国。诸侯受赐建国后又成为该诸侯国的大宗，继承其位的嫡长子也世代相传；其他嫡子庶子宗亲又形成小宗，是为大夫。大夫再行大小宗，其小宗则是士。庶人以下虽不再以大小宗相关联，但在各地都被分封的情况下，其人身自然都已分属于所在地域的领主了。

就这样，整个周天下便形成了一张几乎把所有人都置于某种宗法关系中的大网。这张大网，是以大宗为纲，小宗为目，大宗和宗子（宗主）必须为族人所共尊，所谓"大宗维翰，怀德维宁，宗子维城"（《诗经·大雅·板》）。周铜器铭文屡屡出现"用享大宗""用邵大宗""以享以孝于大宗皇祖、皇妣、皇考、皇母""享考于大宗"等习惯用语，正体现了时人对大宗和宗子的尊崇。

这就把王权与族权紧密联结在一起。周天子既是一国之主，又是最高的宗族之主，最大的家长。这样，周天子是否能坐稳江山，周王朝是否能岁岁平安，便无须取决于某种神秘的力量，也无须过多借助武力的威胁，只需强调好尊祖敬宗的宗法观念，只需维持好亲疏远近、长幼尊卑的伦理等级关系，也就万事大吉了。如此，人们才不难明白，为什么业已淡化神灵观念的周人却相当崇事宗庙祭祀，这种尊祖敬宗的结果正在于肯定嫡子、宗子的正统地位和当然权力，这就是《礼记·祭统》所说的，"明君在上则诸臣服从，崇事宗庙社稷则子孙顺孝，尽其道端其义而教（教化）生也"，道理很简单，"忠臣以事其君，孝子以事其亲，其本一也"。原来，宗庙祭礼也不过是周人维护王权的政治手段。

正是为了配合这种宗法顺孝观念的教化，为了君臣上下等级意识的强化和熏陶，最代表周代文化特色的"制礼作乐"也几乎与此同时紧锣密鼓地张罗起来。包括祭祀之礼、庆典仪式之礼、日常行为规范之礼在内的种种礼节规定，无不以层层等级为分界，使人时时处处意识到自己所处的关系位置；每项礼仪都必不可少的音乐歌舞，则以其典雅平和的声音乐调，营造"其乐融融"心平气和的氛围，旨在塑造规矩中节的性格。

应该说，当周人施行了这一系列淡化神权、加强王权、宗法教化、礼乐熏陶的举措之后，才算是真正开始了取代殷商在中原大地统治地位的历程。因为从这时起，一个完全不同于殷商神秘主义的崭新的文化形象才一层层呈露出它的面容。

这显然是一种剥蚀掉巫神色彩而更富于人格的"文质彬彬"的文化形象。随着礼乐之制的实施和展开，在周人的宫廷仪式上，上演的是按照礼制规定好了的音乐歌舞，讴歌的是人为的努力和成功；在他们包括起居、饮食、服御、社交等

在内的生活方式上，各种礼仪讲究、吟诗赋诵更
装点出一种规矩典雅的风范；钟鼎尊簋，这些在
殷商时代被饕餮占据着基本画面的青铜礼器，如
今换上了大幅笔画方正圆柔的铭文，铸成了写实
象物的造型，似乎有意要把周人尚文崇实的精神
凝结为可视可感的形象。就审美理想而言，君
子、圣王取代至上神，成为人们心目中的崇拜偶
像；就情感表现而言，在以《诗经》为代表的歌
诗文学中，世间人生的酸甜苦辣，也已成为它的
主题；本为占筮而生的《周易》，竟用言近意远
的诗化意象，阐发出阴阳辩证的人生哲理和智
慧；史伯的"声一无听"说和晏子的"和如羹
焉"论，则恰恰用最具周文化特色的礼之乐和美
味食，把周代审美文化的"中和"色彩，书写在
中国美学理论的第一页上。

　　这一切，都让人们切实感受到一种与神秘、
狂热、恐怖的殷商时代明显不同的典雅、规矩、
世俗化的审美文化品格。这是经历殷周交替变
故的周人在独特文化语境中浇出的果实，这也
是中国审美文化真正走向独特发展道路的转折
点和标志。

与史前乃至夏商都有所不同的是，把握周代审美文化现象，除考古发掘（包括器物和甲金文字）和口头传说外，还已经有丰富的典籍可资爬梳。周人尚文，其中就包括"太史秉笔"(《尚书·顾命》)、"君举必书"(《国语·鲁语上》)、"……其德、刑、礼、义，无国不记"(《左传·僖公七年》)，殷人用来记录卜事的文字，在这里已更多地被用来记载时人各种政治、军事、礼仪等人事活动，因为周人开始有了"人无于水监（鉴），当于民监（鉴）"(《尚书·酒诰》)的历史鉴戒意识，所谓"我不可不监（鉴）于有夏，亦不可不监（鉴）于有殷"(《尚书·召诰》)是也。编排系统的《周易》、文诰训命文章的汇编《尚书》乃至歌曲的合集《诗经》就都是在这种积累知识、便于鉴戒的作册作典中产生的。它们为我们考察周代审美文化现象提供了弥足珍贵的信史材料；而这些著作本身，作为诗歌和散文，又是审美文化史所把握的新的形式和对象。这便是"郁郁乎文哉"的周代"史无前例"的特点所在了。

周代，严格从历史概念说，本包括西周和东

周，东周又分为春秋与战国。然而就审美文化现象而言，周人所创造的礼乐文化的典型体现是在西周至春秋中叶，春秋后期礼崩乐坏，开始向战国新的文化时代转变。因此，这里所谓"周代礼乐"主要展现的是西周春秋时代的审美文化风貌，战国则是另一种范型了。春秋作为一个过渡阶段，有的现象属前，有的现象属后，并不以绝对时间为界定。

〔1〕　范祥雍《古本竹书纪年辑校订补》第 22 页，上海古籍出版社，1957 年版。

〔2〕　参见徐中舒《先秦史论稿》第 129 页，巴蜀书社，1992 年版。

1

「钟鼓喤喤」
仪式典礼中的雅乐之和

周人审美文化新的趣尚，是以他们特有的典雅、雍容、隆盛的音乐歌舞，最先进入人们的视野的。而这种与神秘、纵情的殷人巫舞截然不同的"中和"之声，正是周人制礼作乐的"力作"。

"乐统同，礼辨异"

谁都知道，中国古代儒家文化的圣人是孔子。不过这位圣人心目中还有一位至为尊崇的"圣人"，这就是周代建国之初周天子的重要辅弼周公。对于从心底里膺服周文化、宣称"郁郁乎文哉，吾从周"（《论语·八佾》）的孔子来说，他对周公这份崇拜的感情是很有道理的。因为武王伐纣灭殷商之后，真正在奠定周文化基调中起到关键作用的人物，不是别人，正是周公；而周公对周文化基调的奠定，除了三年东征平定殷乱后，建立起更为完备的宗法政治体系之外，所做的最重要的事情就是"制礼作乐"，开创了周代礼乐文化的新时代。

关于周公制礼作乐，先秦古籍多有提及，《左传·文公十八年》称"先君周公制周礼"；《竹书纪年》卷七称，武王十二年，"作《大武》乐"，成王八年，"作《象》舞"，康王三年，"定乐歌"；《礼记·明堂位》称"成王幼弱，周公践天子之位，以治天下。六年，朝诸侯于明堂，制礼作乐……"它们或分称，或合称，都涉及周公在周王朝稍事稳定之后，定礼制、兴乐舞的文化创举。其中，"作乐"似乎又是这一举措中必不可少的重要涵项。

说起来，乐舞决不始于周公所创，夏商时代的乐舞之盛早已令人叹为观止，殷人还以"尚声"为其特色。那么，之所以还要称周公"制"礼"作"乐，这所"作"之乐自应与夏商之乐有明显的不同。这个不同的关键就在于与之连在一起的那个"礼"字。

按"礼"，繁体作"禮"，《说文·示部》："禮，履也，所以事神致福也。从示，从豊"。又，《豊部》："豊，行禮之器也，从豆，象形"。很显然，将祭品盛于豆以进献神灵，以求得神灵降福，这就是"礼"的本义。这种"礼"当然也并非周公所发明。周公所"制"之"礼"不同于前代的根本之点乃是将事神之礼仪式化，等级化，对祭祀的不同对象、规模都做出种种规定，使之成为体现和加强宗法等级关系的有力表现形式，从而凸显了祭祀仪式对人的示范教化意义；更进一步，随着从神治走向人治的发展趋向，又把"礼"由祭祀之仪扩展为社会生活各种活动、交往的典礼仪节，这就建立起了周人所特有的礼制规范。

周公所"作"之"乐"便是配合这种周礼的"乐",即礼之乐。也就是说,在周人这里,有仪必有乐,礼仪所划定的种种等级畛域主要就是通过不同规模的"乐"来体现的。

即以祭礼而论,前面已经提到,周人对于祭祀范围是有严格限定的,所谓"天子祭天下名山大川,怀柔百神……五岳视三公,四渎视诸侯,而诸侯祭其疆内名山大川,大夫祭门、户、井、灶、中雷五祀,士庶人祖考而已,各有典礼,而淫祀有禁"(《汉书·郊祀志上》);在祭祀礼仪中,对音乐的规定也往往十分琐细,甚至乐律乐调、乐器、曲目、表演时间、地点、场合等等,都有规定。如《周礼·春官·大司乐》:

> 乃奏黄钟,歌大吕,舞《云门》,以祀天神;乃奏大蔟,歌应钟,舞《咸池》,以祭地示;乃奏姑洗,歌南吕,舞《大磬》,以祀四望;乃奏蕤宾,歌函钟,舞《大夏》,以祭山川;乃奏夷则,歌小吕,舞《大濩》,以享先妣;乃奏无射,歌夹钟,舞《大武》,以享先祖。

关于"以享先祖",《礼记·明堂位》提到,周天子因周公功高盖世，特许其封邑鲁国祀周公以天子之礼乐，天子礼乐的规定便是："牲用白牡，尊用牺象山罍……升歌《清庙》，下管象，朱干玉戚，冕而舞《大武》……"具体到祭仪过程，还有诸多细目。从中还可看到，既为特许，显然天子礼乐就是天子礼乐，周公只是因为地位特殊才允许破例，除此之外其他身份的人便不能僭越。另据《论语》载，孔子曾因三桓歌《雍》以撤祭而十分不悦，所谓"'相维辟公，天子穆穆'（《雍》歌诗句），奚取于三家之堂！"（《论语·八佾》）道理也很简单，《雍》是天子祭宗庙撤祭时才能唱的歌，三桓身为鲁国大夫，是不该越级使用的。这些规定让人感到，这各种差等有别、秩序井然的礼乐，与其说是为了享神，毋宁说更是为了示人，人们每举行一次仪式谨严的祭祀活动，都会无形中接受一次宗法等级观念和规范的熏陶。

其实，更显示周代礼乐文化特点的，还是日常典礼仪式之繁、规定之多，细目之详，程式之备。周人事事有礼有仪，诸如冠、昏（婚）、射、相见、燕（宴）、飨、饮酒、聘、觐、虞、既夕、丧等等，不一而足。礼仪用乐，包括所歌之曲、所奏之乐、所舞之目、所用之器乃至演出顺序，也都有详备的规定。比如曲目之用，《周礼·春官·宗伯》提到：

> 凡射，王奏《驺虞》，诸侯奏《狸首》，卿大夫奏《采蘋》，士奏《采蘩》。

"射"即射礼，一种以射箭、习武为主要内容的仪式，对此，周人又分"大射""乡射"等不同级别，其间也要配乐，关于所奏的乐曲，天子、诸侯、大夫、士便有这诸多分别。另如仪式用乐中乐器及乐队的规模，《周礼·春官·宗伯·大司乐》提到"小胥"的职责，其中一项是"正乐县（悬）之位"：

> 王宫县，诸侯轩县，卿大夫判县，士特县。

"悬"本指悬挂最贵重、最排场的乐器编钟和编磬的架子，这里也用来代指排列的乐队。周天子的乐队可四面排列，恰就像宫室四面环墙，称"宫悬"；诸侯，三面，像车子，称"轩悬"；卿、大夫，两面，判然分列，称"判悬"；士，

一面，称"特悬"。再比如舞蹈队列，按规定也
是如此逐级递减的。《论语·八佾》提到孔子对
季氏在自己的厅堂上演八佾之舞十分愤慨，所谓
"八佾舞于庭，是可忍也，孰不可忍"，《论语注
疏》注曰：

> 佾，列也。天子八佾，诸侯六，卿大夫四，士二。
> 八人为列，八八六十四人。鲁以周公故，受王者礼乐，
> 有八佾之舞。季桓子僭于其家庙舞之，故孔子讥之。

当时已值春秋末年，季氏在鲁国权势显赫，
位逼鲁公，但就身份而言，终究只是鲁国大夫，
依周礼只能享用四佾即四列三十二人表演的舞
蹈，他却竟敢上演只有天子才能享用的"八佾"
之舞，这就难怪一直希望"克己复礼"的孔子愤
愤然，讥季氏这种严重违礼的事情他都忍心干得
出来，还有什么干不出来呢？这虽已是周礼松弛
之后的事情，但从中不难推想当年周礼等级分野
的森严。

就这样，周礼这些界定、标示人们身份等级
的生硬冰冷的条条框框，竟都被装点在轻歌曼
舞、钟鼓琴瑟的典雅、悠扬的音乐形式之中。对

25

此，后人是这样理解的：

> 乐者为同，礼者为异。
>
> 乐统同，礼辨异。礼乐之说，管乎人情。
>
> 礼义立，则贵贱等矣；乐文同，则上下和矣。
>
> ——（《礼记·乐记》）

不知当年周公制礼作乐时是不是如此明确，乐对礼的配合的确是营构出一种和乐的气氛，让人在不知不觉中一次次接受礼的熏陶。

正因为有配合"礼"的特殊功能，这使音乐艺术在周人那里，具有了在人类审美文化史上几乎是空前绝后的崇高地位。周人建有一整套完备的音乐机构，该机构以大司乐为大乐正，乐师为小乐正，下设大胥、小胥、大师、小师、瞽矇、眡瞭、典同、磬师、钟师、笙师、镈师、镈师、旄人、籥师、籥章、鞮鞻氏、典庸器等，分工已经十分具体。除大司乐总体负责音乐教育、重大祭祀礼乐、大射之仪，乐师全面负责各种仪典的乐舞、乐仪、乐政外，它如大师掌音律歌诗，小师掌打击吹奏，都各有其职。更有甚者，掌器乐的又分为磬师（教击磬钟编钟）、钟师（掌奏钟鼓）、笙师（掌教

吹竽、笙、埙、篪、箫等）等，掌舞蹈的又有籥师
（专管羽籥之舞）、旄人（掌舞散乐夷乐）等，演
奏、歌唱、舞蹈已经趋于专业化。

从这个音乐机构可以看到，夏商时代巫、舞
一体的文化格局已经完全改观，乐官的神职色
彩已经十分淡化，尽管祭祀天地仍由大司乐总
管，但正如前面提到的，这种祭祀本身更多的已
经是宗法教化、治国安邦的手段，用《周礼·大
司乐》的话来说就是"以六律、六同、五声、八
音、六舞，大合乐，以致鬼神示，以和邦国，以
谐万民，以安宾客，以说（悦）远人"；况且大
司乐职能中还有"以乐德教国子，中和祗庸孝
友；以乐语教国子，兴道讽诵言语"。

《大武》舞："象成者也"　　与礼乐教化相适应，周代乐舞的
内容和形式也发生了显著的变化。
首先，人为的事业、活动已经取
代神灵巫觋占据了乐舞的主导位

置。周代著名乐舞《大武》舞就是这种变化的显著标志。

说起来，《大武》舞本为周人的祭祖舞，仍还属于宗教祭祀的范畴，但其上演的内容，却已完全是武王灭纣建国、周召之治等周人创业历史的画卷。《礼记·乐记》载有宾牟贾与孔子讨论该舞的文字，由此正可见其舞蹈的情形：

> 夫乐者，象成者也。总干而山立，武王之事也。发扬蹈厉，大公之志也。《武》乱皆坐，周、召之治也。且夫《武》，始而北出，再成而灭商，三成而南，四成而南国是疆，五成而分，周公左，召公右，六成复缀，以崇天子。夹振之而驷伐，盛威于中国也。分夹而进，事早济也。久立于缀，以待诸侯之至也。

该节文字是孔子关于《大武》舞的描述和说明。开始所谓"象成"，即通过表演以再现事业成功的过程，正是《大武》舞的基本特点之所在。其中的"总干山立""发扬蹈厉""夹振而驷（四）伐"等等，所指皆为舞容，舞蹈者们通过模拟动作，展现的是当年武王持盾以待诸侯以及士卒们斗志激昂、振铎击节、左突右刺的战斗情景。整个舞蹈共六成（幕），曲一终为一成。第一成舞蹈队伍整队"北出"，表现武王观兵孟津，大会诸侯；第二成表演牧野之战，武王伐纣灭掉殷商；第三成变换方向，显示战胜而南旋；第四成表现征服南方荆蛮之国；第五成舞蹈队形分为两列，代表周公一方的在左，代表召公的一方在右，象征周公、召公分陕而治；第六成舞蹈队伍重又汇合在一起，表演达到高潮，表现天下大定后，举国上下对周天子的颂赞和拥戴。

《大武》舞不但有舞、有乐，还有歌。宾牟贾称《武》乐"咏叹之，淫液之"，说的就是其长声唱叹连绵不绝的歌声效果。关于配合《武》舞各章的歌曲，《左传·宣公十二年》提到其中三首歌的部分歌词："武王克商……作《武》，其卒章曰：'耆定尔功。'其三曰：'铺时绎思，我徂维求定。'其六曰：'绥万邦，屡丰年。'"这三首歌正都见于《诗经·周颂》，即《武》《赉》《桓》，可知它们本分别为《大武》舞第二成、第

三成、第六成的舞诗。现引第六成所唱《桓》篇
如下：

［原文］	［今译］
绥万邦，	安定天下万邦，
娄（屡）丰年，	屡获丰收之年。
天命匪解。	承受天命，勤勉不懈。
桓桓武王，	我们武王，威武桓桓。
保有厥士（土），	保有那领土邦国，
于以四方，	对外拥有天下四方，
克定厥家。	对内能使其家安康。
於，昭于天！	啊，武王之德，昭著于天！
皇以间之。	德参昊天，十分美善！

（今译据袁梅《诗经译注》）

很显然，周人发扬蹈厉的历史业绩主要都用
舞蹈动作加以表现了，歌曲便没有多少形象展
现，只是在用最热烈的赞美，表达"以崇天子"
的情感。但其中"以德配天"的观念，却与整个
舞蹈张扬人为的主题相呼应，共同体现了周人礼
乐的时代精神。

"歌者在上，匏竹在下"

周代礼乐的另一个明显变化是歌、乐、舞的初步分离和对声歌的重视。《仪礼》所载"乡饮酒礼"的用乐情形如下：

> 工四人，二瑟。……工入升自西阶，北面坐，相者东面坐，遂授瑟，乃降。工歌《鹿鸣》《四牡》《皇皇者华》。卒歌，主人献工。工左瑟一人拜。……笙入堂下，磬南北面立。乐《南陔》《白华》《华黍》。……乃间歌《鱼丽》，笙《由庚》；歌《南有嘉鱼》，笙《崇丘》；歌《南山有台》，笙《由仪》。乃合乐，《周南》：《关雎》《葛覃》《卷耳》；《召南》：《鹊巢》《采蘩》《采蘋》。工告于乐正曰："正歌备。"乐正告于宾，乃降。

这里声乐、器乐、合乐交替上演，已经各司其职，不相混合。其中首先提到的"工"无疑属于专业歌手，升堂而立，由瑟伴奏而歌，居于表演的中心位置；笙奏列在堂下，编磬悬在两边，用器乐间奏，烘托气氛；最后又由歌手报告演唱完毕。唱歌显然是节目的主体。

周乐的这种重视"升歌"（或称"登歌"），从《仪礼·大射礼》所记整个乐队的排列上也可见一斑。这里歌者和弹瑟乐工被安排在堂上，最接近贵族欣赏者的席位，其他管乐器和击打乐器则列于堂下，这就是所谓"歌者在上，匏竹在下"（《礼记·郊特牲》），"金奏作于下"（《左传·成公十二年》）。

突出歌唱，诉诸词语，这实际上是强化内容传达的一种表现。对此，《礼记》认为周人是在"发德""示德"，应该说不无道理：

> 夫祭有三重焉：献之属莫重于祼，声莫重于升歌，舞莫重于《武》《宿夜》，此周道也。（《祭统》）
>
> 莫酬而工升歌，发德也。歌者在上，匏竹在下，贵人声也。（《郊特牲》）
>
> 升歌《清庙》，示德也。（《仲尼燕居》）

其实，是否"发德""示德"，歌词本身是最好的说明。《大武》舞中配唱的歌曲《桓》等重在表达武王"以德配天"已如前述；天子祭祖礼乐中"升歌"的《清庙》，大唱"济济多士，秉文之德"，张扬的也是文德之至。

比较而言，器乐、舞容，以及相伴的呐喊之声，这些更偏于感官的乐舞形式，乃是史前时代以及夏商巫舞的重要特点，它们与时人感情的宣泄和用于享神的宗教旨归是不可分的。随着周代雅乐社会伦理教化功能的强调，对便于伦理情感抒发和观念意识表达的歌诗的重视则是必然的结果。由此，在周代礼乐文化的土壤上，能够创作出成百上千的诗篇，结集成《诗经》这样一部诗歌总集，也就是不奇怪的了。

"肃雝和鸣"

与配合典礼仪式的职能相呼应，与"发德""示德"的内容相协调，周代雅乐还有一个突出变化，这就是在乐调方面开始向着婉转柔和、雍容典雅的风格转变。《周礼·春官·宗伯》述"大司乐"之职，其中就提到"凡建国，禁其淫声、过声、凶声、慢声"。从"淫""过""凶""慢"这些提法来看，这所禁的声音，无疑是那些刺激、狂放、野蛮的乐舞之声；那么，与此相反，周代雅乐所追求的自当是不尖不利、不促不急、抑扬顿挫、和谐中节的乐调和声音。《诗经·周颂·有瞽》是成王行祫祭之礼（即合祭远近祖先于太祖庙）时配唱的乐歌，其中较多提到了祭礼用乐的情景：

［原文］	［今译］
有瞽有瞽，	盲人乐师，盲人乐师，
在周之庭。	在那周朝太祖庙庭。
设业设簴，	设置乐架，有那大板竖柱，
崇牙树羽。	精刻重牙，又插美丽羽翎。
应田县鼓，	小鼓大鼓，又有悬鼓，
鞉磬柷圉。	摇鼓、玉磬、木柷、木敔，十分整齐。
既备乃奏，	既已完备，乃奏钟磬，
箫管备举。	排箫大管，全都吹奏起来。
喤喤厥声，	喤喤盈耳，它那清越之声，
肃雝和鸣，	庄重调谐，众乐和鸣，
先祖是听。	列位先祖，恭请聆听。
我客戾止，	我的贵宾，已经到达，
永观厥成。	久久观礼，其礼大成。

（今译据袁梅《诗经译注》）

该诗提到了周人用于礼乐演奏的多种乐器，

有钟、有磬，有鼓、有柷，有管、有箫，打击、吹奏交响合鸣；更值得注意的是其鼓乐合奏出的声音效果是"肃雝和鸣"，即一种庄重典雅、雍容和谐的喤喤之声。至于周人在乐舞中所配唱的歌曲、在典礼仪式上所"升歌"的乐诗，其乐调也自应是婉转和谐、控制有节的。

说起来，周人礼乐仪典中所唱的歌大多见于《诗经》中的《雅》《颂》部分，其歌章风格调式的秩序、雅重尚可见到，然其乐调失传既久，今已无缘感知。不过，《左传·襄公二十九年》有一段吴公子季札在鲁国"观乐"的记载，其中季札关于《诗经》诸乐章的评论，虽偏于诗歌的内容和总体风貌，多少也涉及一些声乐特色和效果方面的问题，或可使我们从中推知一二。比如鲁国乐工"为之歌《颂》"后，季札曰：

> 至矣哉！直而不倨，曲而不屈，迩而不逼，远而不携，迁而不淫，复而不厌，哀而不愁，乐而不荒，用而不匮，广而不宣，施而不费，取而不贪，处而不底，行而不流。五声和，八风平，节有度，守有序，盛德之所同也。

率直而不倨傲，委婉而不屈折，亲近而不过密，相距而不离析……一切都是如此恰到好处，可谓中和至极。其中"五声和，八风平，节有度"特别值得注意，"五声"即宫、商、角、徵、羽五个音阶，"八风"当指金、石、土、革、丝、木、匏、竹八音（见于《周礼·太师》）所创造的八种声音效果，"节"即节奏，所讲的正是歌曲的声乐色调，而其特点，正在于既平且和，张弛有度，温婉动听。

就这样，在制礼作乐的文化氛围中，周人的审美活动首先便以一片隆重和平的音乐歌舞之声展现出其特有的风貌。以此为契机，音乐艺术在周代获得了极大的刺激和发展。周人宫廷乐舞已经相当丰富，既有用于大型宗教祭祀活动的传统六代乐舞，包括黄帝之乐《云门大卷》、唐尧之乐《大咸》、虞舜之乐《大韶》、夏禹之乐《大夏》、商汤之乐《大濩》、周武王之乐《大武》；又有用于日常典礼享乐活动的各种小舞，分"帗舞""羽舞""皇舞""旄舞""干舞""人舞"等名目。此外还有散乐（主要是民间乐舞）、四夷之乐（交流而得的其他民族乐舞）、房中乐

（多用琴瑟伴奏）、诗乐（其中"风"里的"周南""召南"作为乡乐常用于房中乐，"小雅"用于宴飨，"大雅"用于会朝和其他重要礼仪，"颂"用于宗庙祭祀）等。周代乐器见于记载的多达近七十种，仅《诗经》中提到的即达二十余种。与此同时，已出现了依据主要制作材料命名的八音分类法，即金（青铜乐器钟等）、石（石磬、玉磬等）、土（陶埙等）、革（蒙皮发声的鼓类等）、丝（用弦发音的琴瑟等）、木（柷、敔等）、匏（葫芦制笙、竽等）、竹（竹制篪、箫等）。正如上述季札评诗乐已经提到"五声"，宫商角徵羽五声之分也是此时的创造。

值得注意的是，从上述歌舞已经出现诸如小舞、散乐、四夷之乐来看，随着周代礼乐实质上对宗教神灵意识的淡化，周人的歌乐舞蹈显然开始向人间化、世俗化演化，这实际上便为当时特别是此后俗乐的繁荣和审美型音乐艺术的发展开启了一片新的天地。

2

「莫不令仪」

规矩典雅的礼仪化生活

　　在周人的歌唱中，有一个词是常挂在嘴上的，这就是令仪、威仪、礼仪等等的"仪"。诸如"其仪一分""九十其仪""莫不令仪""乐且有仪""各敬尔仪""礼仪既备""维其令仪""不愆于仪""敬慎威仪""令仪令色"等等（均见《诗经》），可见"有仪"与否对于周人来说是何等重要。"仪"者，"宜也"（《释名·释典艺》），

"度也"（《说文》），均指关乎人的适宜、合度、规范的样态，在人自身指仪表、举止，在人所享用的服御器物指法度、限定，在人所从事的活动指规则、仪式，一句话，都是体现某种规范的表现形式。

这个规范就是"礼"。周人制礼作乐不同于前代的更大特点，还在于除了祭祀之礼、各种典礼被赋予差别有等的规范外，人们日常生活的方方面面也都被浸染上礼的色彩。包括城庙、宫室、器用、穿戴佩饰、举手投足、聘问交游、宴享嬉戏，凡是能进入人们视觉和听觉的感观对象，事无巨细，都"莫不令仪"地呈现出典雅规范的程式化格调，共同烘托出礼的精神。

城池宫室车马器用之制

周人分封诸侯必建城池宫室，城、宫自有制，城之广狭、宫之大小，是诸侯身份地位最显著、最直观的标识。对此，周礼有十分严格的规定。《周礼·典命》称"上公九命为伯，其国家宫室车旗衣服礼仪皆以九为节；侯伯七命，其国家宫室车旗衣服礼仪皆以七为节；子男五命，其国家宫室车旗衣服礼仪皆以五为节"，郑玄注云："国家，国之所居，谓城方也。公之城，盖（大概）方九里，宫，方九百步；侯伯之城，盖方七里，宫，方七百步；子男之城，盖方五里，宫，方五百步。"〔1〕这里涉及的就是公侯伯子男五等爵位所应享用的城郭、宫室方圆大小的规模定制。与之相应，城墙的长度也自有说法，比如高一丈、长三丈为一雉，侯伯之城长三百雉，其下属的城，则"大都（大城），不过参国之一〔2〕；中，五之一；小，九之一"。《左传·隐公元年》载"郑伯克段于鄢"，郑庄公之弟共叔段图谋不轨的"罪恶"之一就是所建城墙违背了礼制，大大超过了所应有的三分之一的限度，用祭仲的话来说，就是"城过百雉，国之害也"。可见，城郭大小是要被作为是否僭越失礼的原则问题来对待的。

其实，不止方圆大小，宫室的间数、门数、高度等等，也都有所规定。《周礼·天官·宫人》有"掌王之六寝之修"说,《内宰》有"以阴礼教六宫"说,郑玄据此认为天子有六寝六宫之制。以周礼每等"降杀以两"(《左传·襄公二十六年》)的制度,则诸侯当为四寝,大夫当为二寝。《春秋》《左传》记诸侯之事曾分别提到"西宫""北宫",有西必有东,有北必有南,可知诸侯确有东西南北四宫。至于门,郑玄提到天子宫室有五门,诸侯宫室有三门。考之文献,天子之门已见皋门、应门、路门之称,诸侯之门则提到有库门、雉门、路门三门,天子是否同时兼有诸侯所有的库门、雉门,曾是论者存疑的问题。近年出土的陕西雍城县马家庄春秋秦国 3 号遗址,分明有五进院落,由南至北,每院正中一门,恰为五重门[3]。可见当时确有五门之制,其初拥有五门的只能是天子而非诸侯。至于身为诸侯的秦国何以出现五门,道理并不复杂,春秋之后,王道中落,诸侯争霸,天子已徒有虚名,诸侯公然僭用天子才能使用的五门之制,是完全可能的。宫室的高度,《礼记·礼器》称"天子之堂九尺,诸侯七尺,大夫五尺,士三尺",也是各有差等,秩序井然。

这一座座卡着固定尺码建造起的城池，一片片大小、高矮有定制的宫室，就像是特制的一个个标志人们身份的大型徽章，星罗棋布地安置在中原大地上，形成了周代一道特有的风景线。

至于日常所用器物、出门乘坐的车马等等，也都是各有讲究、不相混淆的。比如室内所用的坐席、寝席，"天子之席五重，诸侯三重，大夫再重"（《礼记·礼器》）；席的质地纹饰，也自当有别。《礼记·檀弓》记述曾子重病将殁之时，经童子一句"华而睆，大夫之箦与"的提醒，意识到自己眼下正铺着季孙氏所赐的大夫级的用席，便一定要人换掉（"易箦"），以求"得正而毙"，就是关于席子礼制的一个小插曲。

再比如室内的摆设，有一种专门存放食物的阁，类似今天的食品架或食品柜，周礼规定天子可以拥有这样的阁共十个，左右各五设置在正室外的夹室里，公侯伯可拥有五个，大夫至70岁才可拥有这样的阁，可设三个，士则不能有阁，只有一个土坫放食物（《礼记·内则》）。另有一种专门放置酒杯的架子，称"反坫"，按礼制唯国君招待外国君主，方可于堂上使用，这就难

怪孔子讥管仲："邦君为两国之好，有反坫，管氏亦有反坫，管氏而知礼，孰不知礼？"(《论语·宪问》)

作为"招摇过市"、直接诉诸视野、显示身份的车马，更是讲究，比如天子行大礼所乘的车子称大辂，行军礼所乘的车子称戎辂，《左传·僖公二十八年》载晋楚城濮之战后，晋文公因率诸侯成功地抵御了楚人的进逼，周天子特赐"大辂之服、戎辂之服"，这个破例正说明一般诸侯是不得享用的。贵族朝觐祭祀，常常随有"贰车"，即副车，对此，礼也有定制，这就是"诸侯七乘，上大夫五乘，下大夫三乘"(《礼记·少仪》)。

莫不令仪：人的仪表美

当然，上述一切居室用度的种种规定，归根结底都是为了人的规矩合度。满目都是这些特定身份的标志、代码，岂不是随时随地都在被提醒着，要注意自己所处的等级位置和所应有的举止规范？而人的"令仪""威仪"，即得体、庄重的仪表和举止，才是周代礼仪最核心的部分。

首先，服饰装束对于"令仪""威仪"的表现有着十分重要的意义，"别衣服"，即区别各类人等以及不同场合所应穿的服饰，在周人这里的讲究也可谓登峰造极。比如冠，即加在发髻上的罩子，成年贵族男子方可加戴，年满20岁要专门举行冠礼，同时起别名，意味着从此成人。冠又有冕、弁之分，冕是君王、诸侯及卿大夫所戴的礼帽，其形制较一般的冠在顶部多加一前低后高的长方形板，称"延"。延前后挂着一串串圆玉，称"旒"。不同等级身份的人，延上的旒数即不相同，按照《礼记·礼器》的说法，就是"天子之冕，朱绿藻，十有二旒，诸侯九，上大夫七，下大夫五"。弁是贵族平时加戴的比较尊贵的帽子，又分皮弁（武冠）、爵弁（文冠）两种。皮弁以白鹿皮缝制，拼结处饰以五彩的玉石，看似繁星，所以时人的歌中有"会弁如星"（《诗经·卫风·淇奥》）的比喻。爵弁红中带黑，也称雀弁，显然因其颜色与雀头相近而得名。

冕、弁所应加戴的场合都是有所规定的，比如天子，祭祀及举行听朝之礼时要戴冕，每日视朝及朝食时戴皮弁，饭后换成玄冠（即雀弁）；诸侯祭祀先君时戴玄冕，朝见天子时自降一格戴副冕，在太庙听朔时戴皮弁（《礼记·玉藻》）。《左传·襄公十四年》载卫献公当大夫孙文子、甯惠子朝服进见之时，不脱去日常及狩猎时方可加戴的皮冠（即皮弁），被视为故意违礼以羞辱二大夫，竟导致了他们的反目，足见冠戴之制在周礼中的讲究程度。

　　衣服之制的讲究与冠制是相辅相成的，其中又尤以礼服为最。天子冠冕必同时加穿冕服，冕服绘绣有山、龙、华虫等纹饰，又称"龙衮"；诸侯礼服上绘的是一种黑白相间如斧形的花纹，称"黼"；大夫礼服上绘的又是黑青相间如两"己"相背的花纹，称"黻"；士则赤黑色上衣，浅绛色下衣，不复有纹饰。这就是《礼记·礼器》所说的，"天子龙衮，诸侯黼，大夫黻，士玄衣纁裳"。与之相应，妻室的命服也有分别，王后穿袆，是上有彩色雉鸡图纹的黑色衣裳；夫人穿揄狄，是上有彩色雉鸡图纹的青色衣裳；子男的妻子，是上有无色雉鸡图纹的赤色衣裳……

古人衣服所系的大带，即"绅"，天子用素色，大红衬里，整条大带都有滚边；诸侯所用里外皆素色，也是整个加滚边；大夫素带素里，带的下垂部分有滚边；士是熟绢大带，没有衬里，下垂部分加滚边；有学问、技能却没有做官的士人，用锦带；在学的弟子用缟带（《礼记·玉藻》）。

周人身上的佩戴也是极有说法的。《礼记》有"古之君子必佩玉"之说，关于佩玉，其礼制为：天子所佩之玉为纯白色，以黑色丝带相系；诸侯佩的是有黑色山形图纹的玉，红色丝带；大夫佩的是苍色水纹的玉，缁色丝带；太子佩美玉，杂色丝带；士佩的则是次于美玉的美石，赤黄色丝带（《礼记·玉藻》）。另外，周人君臣朝会时绅带中必搢（插）有一狭长板子，称"笏"，用来在君前指点、规划和记事，后代官员称"缙绅"[4]，即由此而来，"所谓搢绅之士者，搢笏而垂绅带也"（《晋书·舆服志》）。就是这一小小的笏，礼制也有分说，即天子的笏是用美玉做的；诸侯的是用象牙做的；大夫的是用竹做的，上面刻有鱼须的图纹；士笏也用竹制，但不加任何纹饰。

穿着佩戴着典雅合度的服饰礼器，这只是仪表容貌的一个部分，而一个人是否有"令仪""威仪"，还有一个相当重要的方面，这就是他的举手投足，风度姿态，是否合乎优雅的格调。于是，在礼书中，便有了种种关于仪容的要求和说法。比如平日里坐着要像祭祀中装扮的受祭人那样端正，站着要像祭祀时那样恭敬[5]；走起路来，随着身上佩玉发出的微角宫羽之声，要掌握好一定的节奏，碎步趋走时就像合着《采齐》的乐节，慢步缓行时又像合着《肆夏》的乐节，转身合乎圆，拐弯合乎方：

> 古之君子必佩玉，右徵角，左宫羽。趋以《采齐》，行以《肆夏》，周环中规，折还中矩。(《礼记·玉藻》)

而且，步履要稳重，手臂不乱晃，目光不斜视，嘴唇要抿紧，声音要沉静，头颈须挺直，表情要端庄：

> 足容重，手容恭，目容端，口容止，声容静，头容
> 直，气容肃……（《礼记·玉藻》）

这里，已经完全把人的面容身姿舞台化、仪式化，在某种意义上，也就是审美化了。

美育：学乐，诵诗，行礼，习射

周人的教育，在很大程度上也正是从培养其"令仪""威仪"出发的，贵族子弟的学业就是由大司乐机构掌管。大司乐、乐师及太师教子弟们舞蹈、歌唱、奏乐、行礼、诵诗、射御，其教育内容及其方式可以说都完全是一种美育的形式。对此，《周礼·春官·宗伯》述之甚详：

> 大司乐掌成均之法，以治建国之学政，而合国之子弟焉。……以乐德教国子，中、和、祗、庸、孝、友；以乐语教国子，兴、道、讽、诵、言、语；以乐舞教国子，舞《云门》《大卷》《大咸》《大韶》《大夏》《大濩》《大武》。

乐师掌国学之政，以教国子小舞。……教乐仪，行以《肆夏》，趋以《采齐》。车亦如之。环拜以钟鼓为节。

大师掌六律六同……教六诗，曰风，曰赋，曰比，曰兴，曰雅，曰颂。以六德为之本，以六律为之音。

这里所教授的内容，既包含有乐德、乐语、乐舞、乐歌，还包含有乐仪，很明显是把礼的义理、规范，寓于音乐歌舞和吟诵行礼这些艺术活动的开展和演示之中，真可谓是"寓教于乐"了。此外，《礼记》中有的篇章还较为详备地提到了这些教学科目具体的时间和程序：

凡学世子及学士，必时。春夏学干戈，秋冬学羽籥，皆于东序。小乐正学干，大胥赞之。籥师学戈，籥师丞赞之。胥鼓南。春诵夏弦，大师诏之。瞽宗秋学礼，执礼者诏之；冬读书，典书者诏之。（《文王世子》）

……十有三年，学乐，诵诗，舞勺。成童舞象，学射御。二十而冠，始学礼，可以衣裘帛，舞大夏。（《内则》）

其中《文王世子》中的"学"是使动用法，实际上就是"教"。该节提到教授太子和士子的科目，一年四季，都有一定的时序安排。春夏二季教干戈武舞，秋冬二季教羽籥文舞。教舞的地点都在东序，干戈武舞的教员由小乐正担任，大胥协助；羽籥文舞的教员由籥师担任，籥师丞协助。演练时，由胥用南乐掌握鼓点。另外，春天学子们要背诵乐诗，夏天练奏弦乐，都由大师指导。秋天在瞽宗乐府学行礼，由司仪指导，冬天在上庠学校读书，由掌管书籍者指导。《内则》同样提到了士子们要学乐、诗、舞、礼，另外还提到了要习射御，且指出了从学的具体年龄。应该说正是有这种自幼的教导、演练、熏陶，才使得"令仪"在上层社会的普及成为可能。

琴瑟、赋诗、揖让：文雅化的生活方式

于是，无论宾朋相会，使者往来，甚至比武游乐，都可闻琴瑟歌诗之声，都可见揖让有序之礼。《诗经·小雅·鹿鸣》是燕飨宾客之歌，诗中唱道：

> 呦呦鹿鸣，食野之苹。我有嘉宾，鼓瑟吹笙。吹笙
> 鼓簧，承筐是将。人之好我，示我周行。

《诗经·郑风·女曰鸡鸣》是一对夫妻的唱和，当夫提到去"弋凫与雁"，即去射野鸭和大雁来共享后，妻对夫表白道：

> 弋言加之，与子宜之。宜言饮酒，与子偕老。琴瑟
> 在御，莫不静好。

夫妻间的日常饮宴，也是"琴瑟在御"，一切都是那么优雅、温馨、"静好"，礼乐之仪的生活化可见一斑。《左传·昭公十六年》载晋大夫韩宣子聘郑，临别时郑国诸大夫为之饯行，宴会几乎成了赋诗会：

> 夏四月，郑六卿饯宣子于郊。宣子曰："二三子请
> 皆赋，起亦以知郑志。"子齹赋《野有蔓草》，宣子曰：
> "孺子善哉，吾有望矣。"子产赋郑之《羔裘》，宣子曰：
> "起不堪也。"子大叔赋《褰裳》，宣子曰："起在此，敢
> 勤子至于他人乎？"子大叔拜。……子游赋《风雨》，
> 子旗赋《有女同车》，子柳赋《萚兮》。宣子喜，曰：
> "郑其庶乎！二三君子以君命贶起，赋不出郑志，皆昵

> 燕好也。二三君子，数世之主也，可以无惧矣。"

这就是周人礼乐文化所形成的中国文化史上曾经流行的一种十分独特的现象——"赋诗言志"，即通过吟诵当时通行的歌诗以抒怀达意。郑大夫们所赋的诗皆见于《诗经》中的《郑风》，都是郑国自己的歌诗，多为男女言情之作，但实际上他们却借此以表达郑国对晋国的归附、投好态度，韩宣子即文中自称的"起"对此完全心领神会，所谓"皆昵燕好"，说的就是都在表达友好情谊。这里记载的显然是晋、郑间的一次外交活动，其间歌赋和答，诗情画意，极具艺术氛围。

观看周人的射箭比武，与其说是激发竞技意识，毋宁说也是一种礼的熏陶：

> 古者诸侯之射也，必先行燕礼；卿大夫士之射也，必先行乡饮酒礼。故燕礼者，所以明君臣之义也。乡饮酒之礼者，所以明长幼之序也。

> 故射者，进退周还必中礼。内体正，外体直，然后持弓矢审固。

> 其节，天子以《驺虞》为节，诸侯以《狸首》为节，卿大夫以《采蘋》为节，士以《采蘩》为节。

> 孔子曰："君子无所争，必也射乎！揖让而升，下
> 而饮，其争也君子。"

——《礼记·射义》

这里是关于周人举行射箭比赛的一些说明。由此可以得知，射前要先行宴饮之礼，敬酒还礼之间，都有尊卑长幼之序，以此明示礼的规范。参加比箭者，要先彼此作揖行礼，然后伴着音乐的节奏，走着方步，登上射位，端端正正，瞄准靶心。射罢下场，再举杯行礼，以示尊重。难怪孔子会说，这种竞争比试，也是有君子之风的。

周人宴饮宾客，还有一种更日常生活化的游乐名目，叫做"投壶"，即比试把矢投进壶中。根据《礼记·投壶》的说法，主人邀请宾客一起投壶，宾客须先谦让辞谢，待主人一再恳请后，表示恭敬从命，再拜受矢。宾主皆说出一个"避"字，回到原位。接下来是助手设席，司射量好放壶的位置，摆好盛放算（用来统计投中之数）的中，然后持算站立一旁，向在场宾主宣布投壶规则：矢头投进壶中才算入，宾主交替投矢，胜方请败方喝罚酒；败方把自己得的筹码并入胜方的

筹码中，如胜方得了三个筹码，大家就都为其喝庆贺酒。同时司射又对堂下宾主双方的子弟强调，不要背对堂前站着，不要大呼小叫，否则罚酒一杯。然后，司射吩咐乐工奏响《貍首》的曲子，并要求节奏要迟速均匀。于是，在音乐和有节律的鼓点的伴奏下，宾主上堂投壶，投中一次就在其"中"里放一枝算。投壶结束后，又由司射宣布统计数字，报告胜方。最后便是胜方子弟为败方斟酒，十分客气地敬请取用；合并筹码后，又斟酒为多码的一方庆贺。就这样，连游乐都是如此秩序井然，斯文礼貌，讲究"令仪"。

至此，周代制礼作乐的精神，应该说已经渗透到这个文化肌体的每一个毛孔中了。在这整个生活方式几乎都变得规范化、"令仪"化了的文化母体中，一种截然不同于前代的新的人格美理想，也就自然而然地孕育生成了。

〔1〕　《十三经注疏》第 780 页，中华书局，1980 年版。

〔2〕　侯伯城三百雉的三分之一，即一百雉。

〔3〕　参见韩伟《秦公朝寝钻探图考释》，《考古与文物》1985 年第 2 期。

〔4〕　"缙"通"搢"。

〔5〕　《礼记·曲礼》："坐如尸，立如齐。""齐"，通"斋"。

上述孔子在谈及射礼时曾说，"揖让而升，下而饮，其争也君子"，很显然，这是把不失君子风度，当作了对射仪之"争"的最高褒奖。其实，不只孔子，周人几乎都是喜欢用"君子"一词来称道人的言行风范的。

周公当成王长大成人正式登基之时，作《无逸》勉其勤于王政，开篇就是"呜呼，君子所其无逸，先知稼穑之艰难"(《尚书·周书》)，言真正有为的居上位者当先知民情之疾苦。

鲁僖公二十五年，周襄王因晋文公保周室有功，赐予阳樊之地，阳人不服，晋人围之。阳人仓葛于城上大呼"臣闻之曰：'武不可觌，文不可匿；觌武无烈，匿文不昭'"，晋文公闻此言，赞道，"是君子之言也"，竟因此而解除了对阳人的包围(《国语·周语》)。

鲁昭公元年，郑国子产至晋国聘问，并探视晋侯的病情，当叔向问及晋侯之病当为何神所祟时，子产认为该病应是"出入饮食哀乐之事也"，然后宣称："君子有四时，朝以听政，昼以访问，夕以修令，夜以安身，于是乎节宣其气。"(《左传·昭公元年》)

鲁昭公八年，晋国师旷解释当时关于"石言(石头开口说话)"的传闻，称"石不能言"，只是有人在凭借石头表示不满的情绪，"今宫室崇侈，民力彫尽……石言，不亦宜乎？"叔向闻此言后叹服："子野(师旷之字)之言，君子哉！君子之言，信而有征。"(《左传·昭公八年》)

在周人的筮辞集《周易》中，"君子"一词

也多有出现,《乾卦》九三言及劲健有为又谨慎从事的刚柔相济的状态,便有"君子终日乾乾,夕惕若"之辞,由此引发出"天行健,君子以自强不息"的《象》辞之说和"君子进德修业"的《文言》之义;《谦卦》言及"满招损,谦受益"的道理,卦辞是"君子有终",初六爻辞是"谦谦君子,用涉大川,吉",由此"谦谦君子"遂成谦逊有德的形象写照。

翻开周人的歌曲集《诗经》,更可听到一片"君子"之声。敬称君王呼君子:"淑人君子,其仪不忒;其仪不忒,正是四国。"(《曹风·鸤鸠》)"君子万年,保其家邦。"(《小雅·瞻彼洛矣》)尊称贵族大夫呼"君子":"显允君子,莫不令德。"(《小雅·湛露》)"凡百君子,敬而听之。"(《小雅·巷伯》)称美男子呼"君子":"窈窕淑女,君子好逑。"(《周南·关雎》)妻子思夫呼君子:"言念君子,温其如玉。"(《秦风·小戎》)"振振君子,归哉归哉。"(《召南·殷其雷》)情人爱称亦呼君子:"君子阳阳,左执簧,右招我由房,其乐只且。"(《王风·君子阳阳》)……

很显然，"君子"正是周人区别于前代的审美理想之所在。

"君子比德于玉"

"君子"一词极有可能就是周人的发明。今见甲骨卜辞和殷商旧典尚未发现有"君子"之称，而在西周初期周人的口中，"君子"一词却已经多有所闻了。

首先，"君子"时常与"小人"相对，最初多是就地位的尊卑而言，而且这一因素在后来有时仍还被保留在"君子"的含义中。《尚书·周书·旅獒》所谓"德盛不狎侮。狎侮君子，罔以尽人心；狎侮小人，罔以尽其力"，《周易》所谓"君子得舆，小人剥庐""君子豹变，小人革面"等等，都是周初常见的用法，孔子的"君子喻于义，小人喻于利"（《论语·里仁》）之说，多少也含有地位、生活来源差别所带来的追求不同的意思。即使到了战国孟子那里，称"无君子莫治野人，无野人莫养君子"（《孟子·滕文公上》）时，其"君子"也是偏重于"劳心"者、"治人"者的层面上。就词汇来源考之，"君子"一词应该首先源于"君"字。"君"，《说文》："尊也。从尹口，口以发号。"段玉裁注："尹，治也。""尹亦声。"[1]《仪礼·丧服》《传》曰："君，至尊也。"郑玄注："天子、诸侯及卿大夫有地者皆曰君。"[2]"君"这一原本特指据有土地的统治者的通称，再加上一个"子"字，成"君子"，其范围当更加宽泛一些，因为"子"在上古有子爵、士大夫统称、男子美称等多重含义。《尚书·酒诰》"庶士有正，越庶伯君子，其尔典听朕教"，注曰："众伯君子长官大夫统庶士有正者，其汝常听我教，勿违犯。"[3]"君子"在此即泛称众位卿大夫。

其次，更须注意的是，即使在使用之初，"君子"在指称上层贵族的同时，也含有道德品行的成分。即是说，上层贵族而兼有品行者才更多地被称为君子。上引《尚书·无逸》中周公的"君子所其无逸，先知稼穑之艰难"，注文就称"叹美君子之道，所在念德，其无逸豫。君子且犹然，况王者乎"[4]，认为其中的"君子"乃是既有身份又有德行者；《周易》中的"君子终日乾乾，夕惕若"，"谦谦君子"等等，也更多的是指一种作为君子的精神状态。

说起来，这种同时兼有身份和品行的"君子"称谓，正是周人等级观念和尚"德"精神交汇而成的一个"特产"。我们知道，较之殷商崇神尚力的文化精神，周人在其由小到大、由弱到强直至取殷商而代之的发展过程中，始终都是以崇文尚德、争取盟邦"同心同德"为其重头砝码的，并由此提出了"以德配天"的口号，从神治转向了宗法礼乐之治。有德是周人君王所标榜的优势所在，也是他们被歌颂的主要内容。"於乎不（丕）显，文王之德之纯"（《诗经·周颂·维天之命》）、"明明天子，令闻不已，矢其文德，洽此四国"（《诗经·大雅·江汉》）、"乃及王季，维德之行"（《诗经·大雅·大明》）……在周人这些颂赞之歌中，"德"字几乎不绝于耳。这样，是否有"德"，便成为作为一位合格君上或拥有君上尊贵称号的重要涵项。这恐怕就是"君子"最

初便含有德行成分的直接原因；同时，它又因
"有德"，而成为时人对君上特有的尊称和赞誉。

以此为契机，很快，"君子"便演化为一般
的尊称、敬称，实际上也就成了理想人格的代名
词。到这时，"君子"已开始更多地偏重于人的
品格、修养的层面，而不再拘泥于贵族的身份和
地位。而且，随着礼乐文化的全面展开，周人所
崇尚的君子人格，又在尊贵、有德的基础上，被
赋予了更为丰富而独特的性格内涵。

那么，究竟怎样的性情品行才称得上是"君
子"？或者说，"君子"理想崇尚的又是一种怎
样的人格风范？

上引《诗经》大量的"君子"尊称时，《秦
风·小戎》一句"言念君子，温其如玉"，尤其
值得注意，因为它正显示了周人与崇尚"君子"
密切相关的又一特别的文化现象，这就是"君子
比德于玉"（《礼记·聘义》）。的确，以美玉比
君子的修辞用法，在《诗经》中并不仅见，《大
雅·卷阿》的"颙颙卬卬，如圭如璋，令闻令
望。岂弟君子，四方为纲"，正是用玉圭、玉璋
为喻，赞美君子的"令闻令望"。

　　"玉，石之美者"（《说文》），本是随着石器创造而被史前人类发现的制品材料。它比石器质地坚硬，故具有更佳的使用效果；相对来说，其采集和制品打磨也更有难度；加之它又有丰富的色彩、柔和的光泽及温润的触觉，这些因素都使玉从一开始便成了人们珍视的佼佼者。而一旦受到特别的"器重"，在它身上就开始越来越多地凝聚上精神和观念的内容，是否拥有它，拥有的数量，往往成为显示等级身份乃至财富的一种标志。于是我们在第一章中已经看到，较之石器、陶器乃至后来的铜器，兴盛于原始时代末期的玉器，自始至终都更多的是作为礼器、饰品等非实用性艺术品来制作的，其中的玉琮、玉戚等，已经是部落首领权力的象征。这种情况到了已经步入青铜时代的殷商更加突出。青铜器物的实用性优势和重器的宗教意味，使玉制品的装饰价值和审美价值愈加放大，人们更加费时费力地打磨它，雕琢它，以增加其精美的程度。殷墟妇好墓在出土大量青铜礼器的同时，就出土有更大数量的玉饰制品，它们造型优美，品种齐全，特别是雕琢的人物、动物形象装饰品，工艺已十分讲究，诸如兽面纹玉斧、带柄玉人、阴阳玉人、玉蚕等等，皆已栩栩如生。在这些玉器身上，凝结了时人所能达到的最高的创造力、想象力和工艺水平，作为供人欣赏的审美作品，其原本就有的珍贵品质更加凸显出来。

玉至周不但仍保留了几千年来积淀在它身上的贵重成分，而且随着周人崇尚精神、品德文化特点的形成，它又被赋予了新的高尚、典雅而完美的品格。在这里，玉是最重的礼品和回报："锡（赐）尔介圭，以作尔宝"（《诗经·大雅·崧高》）、"何以赠之？琼瑰玉佩"（《诗经·秦风·渭阳》）、"投我以木瓜，报之以琼琚"（《诗经·卫风·木瓜》），后者在后代虽成了"投桃报李"之意，当时却应该是敬我一分、回你十分、"滴水之恩当涌泉相报"式的感情回报；玉又是时人最崇尚的佩饰："何以舟（佩带）之？维玉及瑶，鞞琫容刀"（《诗经·大雅·公刘》）、"俟我于著乎而，充耳以素乎而，尚之以琼华乎而"（《诗经·齐风·著》）、"巧笑之瑳，佩玉之傩"（《诗经·卫风·竹竿》）；而且，前面已经提到，《礼记·玉藻》还有"古之君子必佩玉"之说，这是因为随着佩玉发出的音乐之声，君子须"趋以《采齐》，行以《肆夏》，周还中规，折还中矩，进则揖之，退则扬之，然后玉锵鸣也……君子无故，玉不去身。君子于玉比德焉"。原来，佩玉的摆动发出的悦耳之音，正与君子规矩中节的举手措足相协调，共同组合成一种和谐的美的风范。

就这样，美玉与人的精神气质发生了共鸣。对玉的偏爱，使人们有意在玉身上寻找时尚所推崇的种种美德，这才有了以玉比德的独特文化。对此，《礼记·聘义》有更明确的阐释和总结：

> 君子比德于玉焉。温润而泽，仁也；缜密以栗，知也；廉而不刿，义也；垂之如队（坠），礼也。叩之其声清越以长，其终诎然，乐也；瑕不掩瑜，瑜不掩瑕，忠也……

另外，许慎《说文》释"玉"时也有类似玉"德"的说法：

> 玉，石之美有五德者。润泽以温，仁之方也；鰓

> 理自外，可以知中，义之方也；其声舒扬，专以远闻，
> 智之方也；不挠而折，勇之方也；锐廉而不忮，絜之
> 方也。

原来，玉竟有如此完美、全面的品德。当然，谁都知道，正像《诗经·邶风·静女》赞叹美人所赠"柔荑"时说的，"匪女（汝）之为美，美人之贻"，对于玉的美德，我们也完全可以说，非玉之为美，君子所服。这里不分明是在借玉德以称美"君子"和完美的人格吗？

当然，上引材料，皆是后人所述，不免增添了一些内容，但可以肯定其中有些部分必定是当初观念的延续。比如它们都在第一条提到了玉的"温润以泽""润泽以温"，也就是美玉那种圆润光滑、色泽柔和、温凉适中的特有质地。它给人的感觉不是强烈的刺激，而是温馨、宁静、和谐，是一种恰到好处的美。《诗经·秦风·小戎》的"言念君子，温其如玉"，显然取的就是玉的这种"温润以泽"的特点来赞美君子的。这首诗是一位女子表达对出征丈夫的思念，那么"温其如玉"就该是指夫君温和文雅、体贴敦厚的性情

和德行高尚的品质了。至于《诗经·大雅·卷阿》赞美君王"如圭如璋"，前面一句恰恰是"颙颙卬卬"，即一方面温和肃敬，一方面又气宇轩昂，也正是一种有张有弛、有礼有仪、恰如其分的人格风范。

当然，这种恰如其分的美是要经过一定的礼的规范和度的把握才可以获得的，这也正像玉制品纯洁晶莹、圆润光滑的层面须经"切磋琢磨"才能焕发一样。《诗经·小雅·鹤鸣》言"他山之石，可以攻玉"，正说明美玉需要有一番攻治的功夫。于是，玉的成器就又成了君子修养、磨炼的象征。《诗经·卫风·淇奥》正是这样一首典型的"比德于玉"的君子之歌：

> 瞻彼淇奥，绿竹猗猗。有匪君子，如切如磋，如琢
> 如磨。瑟兮僩兮，赫兮咺兮，有匪君子，终不可谖兮。
> （一章）
>
> 瞻彼淇奥，绿竹如箦。有匪君子，如金如锡，如
> 圭如璧。宽兮绰兮，猗重较兮，善戏谑兮，不为虐兮。
> （三章）

歌曲从品质、风度、修养到性格，为我们描

绘出一位在时人心目中十分完美合体的君子形象。他就像经过了雕刻琢磨而纯正圆润的美玉一样，整个体态风采举止都是那么恰到好处，既威武轩昂、神采奕奕，又庄重得体、心胸宽厚；既活泼风趣、善于说笑逗乐，又不粗犷无礼，这是何等难得的一种"分寸"和"度"呵！这和美玉的温凉适中、既坚硬又柔和，"燥不轻，湿不重"，造型明朗又不过分棱角突兀等等，简直是天生的吻合。

"文质彬彬，然后君子"

由周人这种"于玉比德"，人们已经不难感受到君子人格的基本特点。而从周人诸多对君子的称许、评说特别是论述中，更可见他们君子理想的具体内涵和层面。

首先，就内质而言，君子须有仁德操守义节，所谓正人君子是也。"仁德"即施仁惠、得民心、受爱戴；"操守"即持之以恒地守"德"，身正行端，取信于民；"义节"即追求道义，合乎礼节。《诗经·曹风·鸤鸠》称颂"淑人君子，其仪一兮。其仪一兮，心如结兮"；"淑人君子，其仪不忒。其仪不忒，正是四国"，歌颂的正是君子的执义如一，用心公正，法有常度，为天下表率。《诗经·小雅·节南山》慨叹上苍无情，期盼有君子之德的人来安国治邦，所谓"昊天不惠，降此大戾，君子如届（至），俾民心阕（平息）"，诗人心目中的君子又是民心所向，仁君贤臣。上引《左传》叔向评论师旷关于"石言"的说法是"君子哉"，"君子之言，信而有征"，则涉及君子的言语之"信"。孔子言及君子，更是反复强调其坚持道义德行的方面，所谓"君子喻于义，小人喻于利"（《论语·里仁》）、"君子怀德，小人怀土"（《论语·里仁》）、"君子谋道不谋食"（《论语·卫灵公》）、"食无求饱，居无求安……就有道而正焉"（《论语·学而》）是也。

其次，就外在形式而言，君子须仪表端正，举手投足合乎礼仪规范。《诗经·小雅·湛露》在歌唱君子"莫不令德"后，就又唱到了"莫不令仪"；《诗经·小雅·菁菁者莪》也唱"既见君子，乐且有仪"。仪，便是指外表的威仪，其中包括了堂堂仪表、举止风度及礼仪做派等综合指标。上面我们曾用"莫不令仪"作为周代礼仪化生活的概括，其实这种"令仪"的人格典型就是君子。孔子称"质胜文则野，文胜质则史，文质彬彬，然后君子"（《论语·雍也》），这所谓"文"，即是对内在之质的礼仪修饰，修饰得恰到好处，才是君子。

再次，就情性禀赋而言，君子须稳健谦和，温厚友善。《周易》《乾》卦言"君子终日乾乾"，说的是强健有为，"夕惕若"，则又是谨慎多思。《谦》卦反复称"谦谦君子""劳谦，君子有终"，强调的都是其谦恭态度，《大壮》的"小人用壮，君子用罔"，更说明君子虽强而不逞强。《诗经》凡提到"君子"常用"乐""乐胥""岂弟"来加以修饰，诸如"乐只君子，福履绥之"（《周南·樛木》）、"既见君子，乐且有仪"（《小雅·湛露》）、"君子乐胥，受天之祜"（《小雅·桑扈》）、"既见君子，孔燕岂弟"（《小雅·蓼萧》）、"岂弟君子，来游来歌"（《大雅·卷阿》）等等。"乐"即和和乐乐，"乐胥"

即"乐兮","岂弟"之"岂"亦训"乐","弟"训"易",即平易友善。它们都旨在表现君子那种亲切和蔼、温厚友善的秉性和态度。至于孔子,对于君子温厚恭谨、礼让谦恭、能屈能伸的性格所言更多。在孔子看来,君子为人最忌张扬,应少说多做,所谓"君子欲讷于言而敏于行"(《论语·里仁》)、"先行其言而后从之"(《论语·为政》)、"耻其言过其行"(《论语·宪问》);君子无争,忌"勇",所谓"君子无所争"(《论语·八佾》)、"君子矜而不争"(《论语·卫灵公》)、"君子有三戒……及其壮也,戒之在斗"(《论语·季氏》)、"恶勇而无礼者"(《论语·阳货》);君子审时度势,能屈能伸,所谓"直哉史鱼,邦有道,如矢,邦无道,如矢。君子哉蘧伯玉,邦有道则仕,邦无道,则可卷而怀之"(《论语·卫灵公》)。

这就是周人心目中的"君子"。有德有仪,温柔敦厚,怀持仁德道义,又以谦恭得体的态度行之,正所谓"义以为质,礼以行之,孙(逊)以出之,信以成之,君子哉!"(孔子语,见《论语·卫灵公》)

温厚与贤淑：
《诗经》中的人物美

君子人格从审美理想层面典型地反映了周代文化的礼乐精神和人文色彩。在这一宣称"以德配天"、重视人治的文化中，天神高高在上，只具有监临敦促君王尚德行、成治世的理论意义；曾经被视为人神媒介、"上传下达"的特殊人物巫觋也早已风光不再，只作为遗俗具体行使诸如祈雨、驱邪的仪式；在这个于本国内部主要靠宗法关系、礼乐之制维系社会的机制中，勇武尚力的英雄人格也多无用武之地。这一文化对上把成治世、求安宁的希望寄托在有仪有德、获天禄、得民心的仁君身上，对下选择合乎礼法规范、遵道守义、得体合度、文质彬彬的品格风范，"君子"正是他们的合体。

这种君子理想的树立，使周人的审美风尚为之一变。就以他们的歌曲集《诗经》为例，从中人们不难发现，尽管其时还处于刚刚跨入文明门槛的社会发展早期，以温柔敦厚、文质彬彬为基本特征的人格范型却已经完全取代神格和蛮武的英雄，成为时人的审美追求。在这部歌集中，无论多是王公卿大夫所作的《雅》

《颂》，还是多为民间歌曲的《国风》，凡赞美男子，往往总是强调其宽厚持重、温和恭谨、文雅合度的秉性。例如：

麟之趾，振振公子，于嗟麟兮。(《周南·麟之趾》)

匪直也人，秉心塞渊。(《邶风·定之方中》)

考槃在涧，硕人之宽。(《卫风·考槃》)

彼都人士，狐裘黄黄。其容不改，出言有章。(《小雅·都人士》)

我觏之子，维其有章矣。(《小雅·裳裳者华》)

济济多士，秉文之德。(《周颂·清庙》)

"振振"，《毛传》注为"信厚"，《诗集传》注为"仁厚"，都不离一个"厚"字。"塞渊"，即充实深厚。"宽"者，宽容厚道也。"都人士"之"都"，应为闲雅之义，《郑风·有女同车》"彼美孟姜，洵美且都"，《诗集传》注"都，闲雅也"可证；所谓"其容不改，出言有章"正是称其仪容端正、言谈文雅。"秉文之德"，即秉持"文德"，自是与"武德"相对，突出的还是有章有典、言谈斯文的作风。可见虽颂赞的对象有别，但无一例外，它们都表现出对仁厚雅重之风的崇尚。

　　还有《大雅·崧高》和《大雅·烝民》。这两首诗都是王公大臣尹吉甫所作的赠别诗，前一首赠别宣王舅氏申伯出封于谢，后一首赠别卿士仲山甫赴齐筑城。诗都分别赞美了对方的品性。有意思的是，尽管人物不同，却都有性"柔"之辞，如称申伯"柔惠且直"，称仲山甫"柔嘉维则"。看来，温和亲切，善良柔惠，同时又正直有则，确是时人所追求的最美的风范。用卫武公晚年面命耳提、谆谆教诲的话来说，就是"温温恭人，维德之基"（《大雅·抑》）。

　　这些诗直接歌颂君子雅士，其人格追求的偏重显而易见；更能说明问题的是，即使是涉及征战、狩猎等题材的作品，对人物的赞美也重君子之风。《大雅·江汉》叙召穆公奉宣王命平定淮夷之事，卒章歌咏的却是"明明天子，令闻不已，矢其文德，洽此四国"；《秦风·小戎》中，妻子念那威武出征的丈夫的好处，却是"温其如玉""厌厌良人，秩秩德音"；《郑风·叔于田》《齐风·卢令》都是夸赞矫健的猎人，首先提到的竟也是他们"洵美且仁""其人美且仁"的温文雅重气质，君子文化真可谓上行下效、深入人心了。

有趣的是，与男子尚"君子"正相对应，《诗经》中的女子则以"贤淑"为美。说起来，歌曲赞美女子并非不称其貌，只是在其同时总忘不了冠以"淑"字，称其"德"美：

窈窕淑女，君子好逑。(《周南·关雎》)

彼美淑姬，可以晤歌。(《陈风·东门之池》)

彼美孟姜，洵美且都。……彼美孟姜，德音不忘。

(《郑风·有女同车》)

有美一人，硕大且俨。(《陈风·泽陂》)

"淑"即善，善与美相对，应该偏重于德行的美好；"都"的含义是"闲雅"，已如上述，用于女性，应该就是安娴文静；"俨"是矜庄之貌，也就是端庄持重。可见这些赞美女性的诗句无一不在称其美貌的同时加上端庄、贤淑、文静、娴雅等品性方面的颂美，鲜明体现了时人对女性的审美标准。

《邶风·燕燕》中对女性的赞美又可作为这种追求的集中代表。这是一首送别诗，《毛诗序》称"卫庄姜送归妾也"，后人又有兄送妹出嫁、送别情人远嫁等种种说法。不过这里值得注意的是该诗卒章有一整段对被送者的称颂之辞：

> 仲氏任只，其心渊塞，终温且惠，淑慎其身。先君
> 之思，以勖寡人。

"任"是诚信，"渊塞"是宽厚，可引申为心胸宽广，雍容大度；"温"和"惠"指的是性情的温柔善良，"淑"和"慎"又表现贤淑、恭谨的品性。简直是集时人理想的美德于一身了。

总之，《诗经》中标准的女性应是文静、贤淑、识大体、合规矩，正是女中君子也。凑巧的是，《诗经》中还真有女君子之称，《小雅·都人士》就有"彼君子女，谓之尹吉"句。对此，《诗毛氏传疏》的注解是"尹，正。……吉，善"，"此章言其德之美也"[5]。

就这样，无论是男性的温厚，还是女子的贤淑，都在"君子"这里汇合了。它们与"君子"的声声呼唤一道，共同托出了《诗经》所崇尚的人格范型，实际上也就是托出了周人的审美理想。

〔1〕　《说文解字注》第 57 页，上海古籍出版社，1981 年版。
〔2〕　《十三经注疏》第 1100 页，中华书局，1980 年版。
〔3〕　《十三经注疏》第 206 页，中华书局，1980 年版。
〔4〕　《十三经注疏》第 221 页，中华书局，1980 年版。
〔5〕　陈奂《诗毛氏传疏》中册，第 508—509 页，中国书店出版社，1984 年版。

4

鼎铭尊象

周代器物艺术的崇文尚实之貌

 1976 年 3 月，陕西省临潼县发现了一处铜器窖藏，其中有一件方座铜簋**利簋**（彩图 1），价值可谓非同小可。其实，若就其造型、纹饰而言，似乎并没有什么特别之处，侈口，深腹，圈足，有耳。整个器物的装饰繁缛、神秘，几乎看不出与商代的青铜食器有什么区别。然而，铜簋内壁上深深铭刻下的 4 列 32 个文字，却确凿无疑地向世人宣布：这一件绝对是周人的器物。因为那上面刻着的文字是：

> 珷征商，隹甲子朝，岁鼎（贞），克昏。夙又（有）商。辛未，王才（在）阑自（师），易（锡）又（有）吏（事）利金，用乍（作）檀公宝䵼彝。

这段话的大意是，武王征伐商，在甲子那天早晨，举行了岁祭和贞卜，贞卜的结果是定能战胜昏纣，结果很快便吞掉了商王朝。辛未这天，武王在阑师，赏赐给有司利一些铜（时人称为金），利便用来为已故的檀公做了这件宝器[1]。

寻思文意，有司利之所以得到武王的嘉赏，必定与伐商之事有关，或许就是他负责了这次贞卜的事宜，也未可知。不过有一点是完全可以明了的，有司利获赏铜、制器是在武王伐纣灭殷商之后的第七天，中原大地已经易主为周人的天下，此时、此后的器物制品都要改姓"周"了。

这就是迄今所发现的周人最早的一件铜器，人们根据作器者之名，称它为"利簋"。

与"利簋"的铸造相隔大概三十几天，又有一件同样为方座簋造型的铜器问世了，所不同的只是这件铜簋铸有四耳，器腹、器座四面皆饰着卷尾夔龙纹。这件铜器人称"天亡簋"或"朕簋"。对于该器铸造时日之所以如此肯定，也源自它腹内的铭文，而且有8列78字之多。铭文有"王祀于丕显考（称父为考）文王""乙亥，王有大礼，王同三方"等句，联系《逸周书·世俘解》的有关记载，可知这是武王克殷后回到周都，告天献俘（馘）祭祖庙，然后大会东南北三方诸侯时所作。此时距克商已有30天。作器主人天亡参与了这些重大事件，并在战后闭藏兵甲的工作中建有功德（少不得也受到了某种嘉奖），于是就在武王宴享诸侯的飨礼之后，铸成此器，铭刻文字以称扬武王的休美，同时也是要记下自己的荣耀。[2]

就这样，"利簋"和"天亡簋"，以它们绝对可靠的周初作器的"身份"，掀开了周代器物艺术新的一页。

也许是巧合，也许确有某种必然，在这两件铜器身上，恰恰潜含或预示了周代器物即将展开的诸多特征。这两件器物都是铜制，其器型又都是簋器。铜制意味着青铜时代在周人这里仍将延续，考察艺术趣尚的重心仍是青铜制品；簋为食器，食器多于酒器，这已是人们公认的周代特色，或许与周人节酒不无关系。更重要的是，在这两件器物身上，都有着纹饰和铭文两个部分，就装饰而言，习惯上仍以绘饰为主，铸于器物的外壁；但作器的目的似乎更重铭文的记载、颂扬、纪念等内容因素，预示着随着周人制礼作乐的全面展开，一种迥然不同于殷商神秘主义的理性、典雅、崇文尚实的器物世界的悄然降临。

当然，"利簋""天亡簋"还远不是周代器物艺术的代表作，毕竟当时周人的历史才刚刚起步，所有制礼作乐的典章制度，还须在周人统治得到巩固之后才能提到议事日程。而且，与歌乐舞蹈、礼节仪式、服御佩带等推而行之的规范化略有不同，周代器物造型艺术所受到的礼乐熏陶和浸染，多是在不经意中无声地、悄悄地变化着的，也就是说，要经过一段时间的酝酿，方能见出周人本色。

不过这种周人本色，又是在"利簋""天亡簋"都已经包含着的纹饰和铭文两个方面，分别向趋简和趋繁演化的过程中形成的。

装饰性和素雅感

就器表的纹饰而言，必是周人对于灿烂的殷商物质文化大多直接"拿来"的缘故，周初乃至周代前期的造器都还明显带着殷商遗风，饕餮纹、夔龙夔凤、兽面及兽角兽爪仍还是装饰面的主体，多种纹饰交织共现的繁缛华美，也还是其绘饰艺术的基本风貌。"利簋""天亡簋"即是如此，它如"何尊""伯矩鬲""折觥"等西周早期的作器亦复如此。"何尊"铸于成王五年周公摄政营建成周即将开始之时，作尊器的主人为宗小子何，器内铭文记载了周王（当为周公代表成王）在京室希望宗小子何效法父辈继续佐周立功的一次诰命。该尊器的造型似方而实属圆形尊，口圆外侈，四面中线均隆起成透雕状棱脊。口下以棱脊为间隔，饰有四组蝉纹和卷曲蚕纹（实为变形蛇纹），器腹分成两大段，上段是浮雕状大饕餮，双角翘出器外；下段亦为浮雕饕餮纹，不同的只是眉目略小、口鼻略微分开而已。全器浮雕繁密精细，又均以雷纹饰地，显得十分考究富丽。出土于北京房山地区的周初燕国青铜礼器"伯矩鬲"，乃燕侯赏贝给伯矩后，伯矩为父考所作。该器为双立耳带盖食器，颈部饰以夔纹，盖顶在浮雕出的片片翻翘而列的羽毛状饰物中，伸出一个竖角瞪目的牛首；器身亦为牛头浮雕，牛角斜翘，飞出四表，造型奇特而华美。纹饰更为繁缛称奇的，还要属作册折因功受赏青铜后所作的带盖酒器**折觥**（彩图2）。

然而细心观赏体味应不难发现，即使这些直承殷商余续、铸刻着饕餮形象的彝器，与殷商近似的也只是它们外在的造型和纹饰的繁富，野蛮、狞厉之感没有了，只让人感到它们的精雕细刻、形式华美，纹饰在这里已经失去了原本就只属于殷人自己的宗教性质，留下的只是装饰的意味和功用。

与此同时，淡化殷器色彩、呈现周器格调的纹饰也开始出现，并渐渐多了起来。即以1979年陕西淳化史家塬出土的周初饕餮纹大圆鼎为例，该鼎高122厘米，口径83厘米，重226公斤，为已知西周铜鼎中最大最重者，两耳外侧、三鋬、三足仍以兽面为饰，但整个器身只在腹上部饰有由六条夔龙合成三组饕餮的纹饰宽带，饕餮下各有一浮雕的牛头，龙身线条婉转流畅，整体构图显得单纯明朗。还有作于周公东征班师回朝后不久的"舆方鼎",器身、器足都以鸟纹为饰,而且与商器夔龙夔鸟中棱对首合成饕餮的纹饰不同,这里的夔鸟纹尾尾相对,正面看去对流线型上扬的鸟翅感受更深,也显示出作器者出于艺术美追求的构思。

　　当然,这些仍还是以夔纹饕餮为饰者。更能说明问题的,是此时已出现新型的装饰性纹样。作于成王时代康叔受封于卫之后的"沫司徒送簋",两耳仍为兽形,口沿及圈足却改为各饰一圈由圆涡和四瓣花纹相间组成的环带,特别是器腹全部饰为一条条规则、整齐的直棱纹,显得格外别致、雅重。它如腹上部只饰两道弦纹的"小臣謎簋",颈部只饰凤鸟纹一周、余皆素面的"小臣单觯"等等,作为成王时器,也都显示出周器纹饰向典雅、明净、朴素方面发展的趋势。

　　西周中期以后,周器纹饰已经完全形成自己的风格。饕餮、夔纹、兽形等带有殷商神秘诡异色调的纹饰终于彻底解体,而抽象化为窃曲纹(状如横置的 S 形,中以目形相连)、波曲纹、重环纹、鳞纹、瓦棱纹等几何形纹饰,并以圆曲柔和、规则优雅的格调，体现出周人特有的礼的意义和乐的精神。诸如此类的铜器不胜枚举，其中比较著名的如作于西周共王时的"五祀卫鼎"，口沿下只饰以雷纹衬地的窃曲纹带；大致同时的"史墙盘"，腹饰垂冠分尾的长鸟纹，圈足饰窃曲纹；记述西周中期周臣颂受册封之事的"颂壶"，壶盖饰鳞纹和窃曲纹，颈饰环带纹，腹部以流畅的龙纹蜿蜒盘绕；西周后期宣王时代的"虢季子白盘"，口沿下为窃曲纹带，盘身为环带纹；同

001　㝬簋（陕西扶风出土）

为宣王时代的"师衮簋"，盖边、器口饰窃曲纹，
圈足饰鳞纹，盖身、器身饰规则的瓦棱纹；厉王
时代高 59 厘米、重 60 公斤、下具方座的王室重
器**钦簋**（001），口下及圈足饰云纹，腹部及方座
均饰以细密的直棱纹；西周晚期的"齐侯匜"，
除尾部的鋬和四足饰以龙纹外，全身随着造型饰
以流畅细密的瓦棱纹；还有现存铭文字数最多的
"毛公鼎"，更只在口沿下饰着一周十分规整的重
环纹，显得格外朴素而典雅。

贵在铭文

与周器纹饰这种趋于简洁素雅、旨
在装饰的倾向正相反，周器中的铭
文却渐趋繁富恢弘。上述铜器几乎
全部铸有铭文，字数一再增加。比
如周初武王时的《天亡簋铭文》78 字，成王时的
《令彝铭文》就达 187 字，康王时的《大盂鼎铭
文》又达到了 291 字，"小盂鼎"铭字已有剥蚀，
估计已达三百九十余字，而西周后期，《曶鼎铭

文》达410字,《毛公鼎铭文》更多达497字。如此用心又如此普遍地在器物上刻铸出动辄上百的大段文字,这是只有周代才有的奇迹。因此,如果说周器特征,铭文才是当之无愧者。

铜器铭文又有"钟鼎文"或"金文"之称,前者因青铜器最多见的乃是乐器和礼器两大类,钟和鼎又分别为其代表,故以此代称铜器上的刻文;后者源于古人称"铜"为"金"的既定事实。"铜"乃近世才有的名称,春秋以前铜本称"金",青铜铭文中的"易(锡)金"实际上就是赐铜,故人们也把青铜器上的文字统称为"金文"。

金文并非周人的发明。随着青铜器的发展和文字的成熟,商代已经有铸文于器的情形。今见最早铸有文字的铜器,是现藏中国历史博物馆的商中叶二里岗文化期的一件铜鬲,上面只铭刻着一个"亘"字,当是器物作主或受器者的族氏名号。商代后期殷墟出土的铜器,铭文已较为多见,但仍属族氏标记或作器者私名的性质,如殷墟妇好墓所出铜器上的铭文"妇好"即是。还有的出现了祖先庙号的记识,诸如父某、祖某、妣某、母某之类,"司(后)母辛""司(后)母戊"等就都属此类。随后又有将族名(或私名)与致祭对象的庙号并列、表示某族(或某人)为某位祖先作祭器的文字,如"册大父乙""韦父己"等等。至殷墟时代晚期,金文有了初步发展,出现了超过十个字以上的铭文,其中字数最多的"小子𧊒卣",器、盖铭文合计共47字,为作器者立功受赏后铭器以述其事,并借此告慰母亲之作。

周代金文便是承续此类记事文字而来;而且,由于这种铸文以记功、彰德、宣教的形式与周人崇文尚德、礼乐兴国的方针大略一拍即合,金文在周代遂获得了空前绝后的发展。

字数增多当然是最显见的标志,而文字繁富意味的是内容含量的扩大。周代金文上至改朝换代、天子祭享、先王历史功业、今王的重大战事以及册命分封,下至诸侯卿大夫的受赏获贝、诉讼官司,涉及历史事件乃至上层贵族的社会生活已经相当广泛。

比如有些铭文是作器者参加王朝重大活动因功受赏、引以为荣、报祭先祖之作,连带着也就留下了关于重大历史事件时间、地点、人物的凿凿印迹，上述《利簋铭文》《天亡簋铭文》即是武王伐纣、禁绝殷祀的历史见证。

还有的是王公贵族受到册封之后的铭刻纪念，如西周早期的"宜侯夨簋"，内底铭文一百二十余字，记述周王册命夨由虞侯改封为宜侯，并赐予邑、鬲、弓矢、土田、山川和奴隶等；西周中期的"颂壶"，器、盖对铭，各152字，记述颂受册命"官司成周贮二十家，监司新造贮用宫御"，并接受了周王赏赐的命服、銮旗等物，值得注意的是其中较为完整地记下了整个册命仪式，诸如时为三年五月甲戌，地点在周康邵宫太室，颂由宰弘右导引至太室中庭，尹氏记录，史虢生宣布册命等等[3]。这些铭文对于周代分封、命官等制度，无疑是最真切的展示。

作器者在记下册封过程的同时，有时也郑重其事地记下王的劝勉和训诰，几乎就是刻在铜器上的一篇篇"《尚书》"。前面已经提到的作于成王五年的《何尊铭文》就是如此；还有著名的**大盂鼎**（002）也是如此。该鼎本是证实康王时代继续大举册命分封的一件重器，**铭文**（003）提

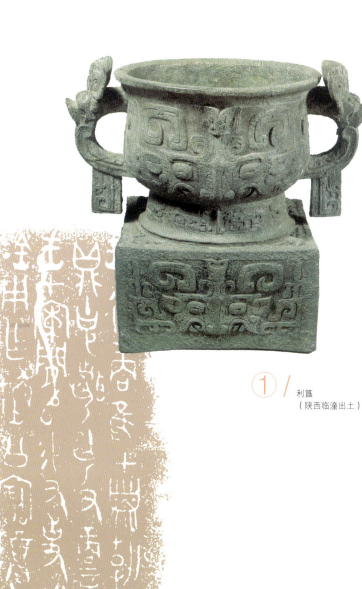

① / 利簋
（陕西临潼出土）

器腹前后铸着兽面纹饰，口沿下前后各饰有一个
半浮雕兽首，圈足则饰着曾经十分盛行的夔纹，
两耳是带角的兽首。方座四面亦布满纹饰，其图
案与簋身如出一辙。口沿内铸有铭文

② / 折觥

（陕西扶风庄白家一号窖藏出土）

觥盖前端是一个卷角的羊首，鼓角阔鼻，其上还有两个形态不同的兽首前后相随。盖后端是一个饕餮面，张目咧嘴。两侧又饰有卷尾夔龙一对。觥体上部与觥盖两侧纹饰相同，下部腹外鼓，中线和四角均为透雕扶棱棱。棱两旁各有一条夔龙，一起组成饕餮。尤其是器身尾部的鋬，由三种动物形象组合而成，上为兽首，中为鸷鸟，下为象鼻，可谓匠心之极。

四虎皆立体，形状、大小如一，两两相随，沿钟身下行。极像是从高耸陡峭的山峰小心翼翼地拾级而下。整体造型毫无虎尊的凶猛之像，更无变形怪异之态。小小的圆目、弯曲的兽足、缩缩的身躯，都给人以小巧可爱的感觉，尤其是虎尾被有意塑成弯转如S的曲线，又为整个钟器平添上几分柔和优美的味道。

③ / 四虎钟
（上海博物馆藏）

④ / 鸭尊
（辽宁喀左马厂沟出土）

高颈长喙，较实物要略微修长苗条一些。为稳定器身，两腿外又加一立柱，也是作为器物造型受到限制的结果。鸭身饰以菱形格子，有较强的装饰意味。

⑤ / 刖刑奴隶守门鬲
（故宫博物院藏）

鬲分上下两部分，其下为房屋型，可将门闭合用于生火加温。刖人连铸在屋门上，下肢可见受刖残断，一手抱住门闩，随着屋门的开关而给人以活动的感觉。

003 大盂鼎铭文拓片

002 大盂鼎（陕西郿县出土）

到康王二十三年，周王在宗周册封南公之孙盂接替荣伯之职，命其辅佐王室掌兵戎大事和责罚诉讼，并赐予鬯一卣、冠服、车马以及土地、臣隶，计有"邦司四伯、人鬲自驭至于庶人六百又五十又九夫"，"夷司王臣十又三伯，人鬲千又五十夫"，即四族所有的人鬲（奴隶）、驭、庶人共659名，夷人十三族人鬲1 050名，合计赏给盂17族，奴隶1 709人。但铭文开始却以大量篇幅记述了康王册命赏赐之前对盂语重心长的训诫、教诲，其中特别提到先王的节酒、有仪，殷商的酗酒丧国，简直就是又一篇"酒诰"[4]。而

004　毛公鼎
（陕西岐山出土）

005　毛公鼎铭文拓片

更典型的则要属长篇名作**毛公鼎**（004）。该铭文（005）涉及的虽也是周王对大臣一次册命和赏赐，但行文主要记述的却是毛公厝在接受册命时所聆听的周宣王的一大篇训诰之词，诰词大意是承蒙先王受天命，建立周国，诸先大臣们尽心尽力，治理国家，使周朝延续至今，而现在天下四方"大纵不静"，政局不稳，因此要求毛公要谨慎从事，协助自己，控制局面，免致丧国。

　　金文中还有一些是作器者直接参与征战之事的铭功之文。如作于周宣王时代的《师袁簋铭文》，计117字，言淮夷本是向周王室称臣纳贡的部族，眼下竟敢迫使奴隶停工，对抗王室，使周朝东部生出事端，周王遂令师袁率领齐师及曩方等国联军征伐淮夷，杀戮了丹、莽、铃、达四个淮夷首领，并俘获了士女牛羊青铜等。作于西周晚期的《多友鼎铭文》更直接反映了周人抵御猃狁进犯的历史事实。该鼎铭文278字，铸刻于腹部内壁，作器者为将帅多友。据铭文载，猃狁于十月率兵侵犯周境，占据了大片土地，武公临危受命，令多友率兵御敌，多友先后在郑、龚、世、杨冢等地与猃狁展开激战，共斩敌首三四百，俘虏27人，缴获战车百余辆，多友将首级、俘虏、战利品等献于武公，武公转献于周王，周王赏赐武公土田，武公则赐给多友礼器、乐器等物。

　　另有《卫盉铭文》《五祀卫鼎铭文》《九年卫鼎铭文》《曶鼎铭文》等，近似于法律文书和契约，涉及诸如土地交易、经济赔偿、赎买人质乃至刑事案件的处理等等。前三件"卫"器，乃作于西周中期的"裘卫四器"中的三件，铭文均有一二百字，分别记述了王室贵族裘卫以觐璋、赤琥、麂皲、贲鞈、车马、丝帛等物与人交换土田和林地之事，以及交换仪式、见证，还有因土地纠纷所发生诉讼的判定结果等等[5]。"曶鼎"原器已失，今存有拓片，文分三段，其中第二段记曶原拟用一匹马一束丝与人交换五夫，后又改为以"金百寽"作为代价，引起诉讼，经裁决，曶胜诉[6]。

由此可见，这些带有铭文的青铜器物，大多都是为某些特殊事件所铸的用于陈列的纪念品，其中铭文所记述的内容，对于作器者来说，都有着不同寻常的意义，参加重大活动、受到册命封赏、聆听谆谆诰命是如此，出征参战、杀敌立功是如此，增田扩土、诉讼获胜的凭证也是如此。它们既是当事人荣耀、自我肯定的载体，用来上告先祖、下传子孙，更有永恒的价值。因此，作为审美器物，这些铭刻在器物上的文字所含的内容本身，就有沉甸甸的分量。也就是说，比起殷商饕餮形象所有的宗教意味，周代铜器的审美价值和意义，更多的则是凝结在这些铭文上面的。

正是主要因了这些文字而非纹饰，它们成了传世之宝，这在作器人及其子孙那里已经是如此了，对于我们来说，其实也是如此。

金文的线条、字块与字幅

金文又是今天所能见到的周代特别是西周文字及"书法"的绝对"大宗"，这乃是由铜铸的传世久远所决定的，当时的周人就已经明确意识到了这一点，铭文最后动辄来一句"子子孙孙万年永用""子子孙孙永远宝用"就是明证。应该承认，这些文字和书法，就时人而言，主要还是出于实用，远非审美观赏，这与殷人的甲骨文字并无二致，其偏于内容的倾向甚至更有过之，因为整个铜器铭文的鼎盛时期，几乎无一例外，铭文都是铸于器盖内层和器内底部和内腹壁上的。就鼎、盘之类侈口无盖、一眼见底的铜器来说，这种铸文于内的情形对于"字"的外现倒也无碍，但大量簋、壶、尊等带盖铜器中的铭文，就只能算是深藏在器内的"秘密法宝"了。尽管如此，作为时人亲手所书的文字，金文集中体现了造字及字形结构在周代的发展及其变化，反映了周人特有的书写风格和无意中对线型美的追求，对于今人来说，无疑有着难得的观赏和研究价值。

与甲骨文比较而言，金文的造字方法已经开始讲究规范，大多省去了甲骨文中依然存在的某些文字初创时期的原始图画成分，一些象形字已由描摹事物本身的形象，演化为由笔划交构而成的距离事物原形很远的"字"。比如在甲骨文中，像"犬""豕""兔""虎""象"等表现动物的文字，多数都还画成有肚腹有首有尾的样子，而在金文中它们都一律减省了肚腹部分，首和尾的表现也不是十分明显了。甲骨文的"首"字就画成一个动物的头形，而西周较晚时期的"首"字已写作，与后来小篆的字形已相当接近。另外，较之甲骨文的一字多形，金文的字形也已较为统一，比如"车"字，甲骨文或画一只车轮，或画两个车轮，或配以车厢，或配以辕衡，或车厢辕衡兼有，形状竟有十几种之多，而金文则基本固

定为两个车轮加辕衡，后又演进为与小篆相同的
車形。再比如甲骨文中的"田"字，方框中纵横
交错的笔画数目不定，有的在方框外还会再加上
几块方格田，而金文"田"字则一律作田字格，
已与今天的"田"毫无二致。更值得注意的是，
形声字的比重在金文中迅速增大，在整个造字系
统中明显居于领导地位，这与形声字在甲骨文中
只占 18%[7] 的情形已不可同日而语。形声字的
意义在于文字更加脱离了"画"的桎梏，而越来
越向纯粹的线形艺术靠拢。

于是，人们的确在金文中看到了线条、字块
乃至字幅本身所体现的有周一代的书体格调。

不无意味的是，周人书体风格的形成，与
铜器纹饰的变化几乎同步，也是至西周中期以
后明朗起来的。周初金文尚有甲文之风，刚劲
古拙，笔划首尾出锋，显出波磔，人称"波磔
体"；书写方式也只注意大致成纵，还没有横排
的意识。今见周人第一篇书法之作《利簋铭文》
就是如此，其笔画的尖头尖尾、纤细劲俏，更
是甲骨文字的余续；但其间婉转柔和的曲线的
增多，却又与甲骨文以横直线为主的契刻书体

有所区别，昭示着一个新的铭刻文字时代的开始。康王时代的《大盂鼎铭文》，虽然仍属早期作品，其中不少字两头尖，中间宽，呈柳叶形，似乎仍是早期"蝌蚪文"的延伸；然而又有许多字的笔法，已是方圆并用，或起笔使用方笔、收笔使用捺笔，有字方之感，或呈圆笔、半圆笔，有字圆之形，总体看来结构严谨，体态厚重，且注意到文字的布局排列，呈现出由古朴刚健向圆柔平和过渡的形态。

西周中期以后的字体便明显摆脱了古拙刚劲的风格，笔画圆柔，两端平齐，不再波磔出锋，显得收束得体，书家称为"玉著体"。《毛公鼎铭文》就是其代表之作。由于篇幅巨大，字数繁多，该鼎铭文整体观之确有洋洋恢弘之感，使人耳畔仿佛响起"郁郁乎文哉，吾从周"（孔子语，见《论语·八佾》）的赞叹；而就其章法的疏密有致、成行成列，又可见周人的进退有节，"莫不令仪"；尤其是若细审其字体，但见转折自如，圆融婉通，字略修长平整，灵秀自然中不失规矩严谨，气色温和，笔势稳妥，处处显出彬彬有礼之貌。

说到书写的成行成列，这突出显示了周代审

美文化追求整齐、规范的特有风貌。说起来，与甲骨文随兆刻画、左右"出击"的格式不同，金文已经全部下行左转（个别有意出新的除外），成纵向之势，由此奠定了整个古代书法布局模式的基调，其纵成列的态势是自然而就的。但横成行的追求，却应属爱好规整的"有意为之"。其中文史珍品**史墙盘**（006）的书体工整可谓臻于极致。**铭文**（007）原本就是一篇以四言为主的长篇颂辞（284字），依次历数了文、武、成、康、昭、穆和时王（共王）的功德，并讲述史墙的家族发展，称颂其先祖父考，近乎史诗之作，既有极高的史料价值，又是西周时代见于书面的文学佳作。与之相应，铭文文字的书写相当工整秀丽，大小如一，特别是其排列布局，由于字数繁多，被均匀

006　史墙盘
（陕西扶风庄白家一号窖藏出土）

007　史墙盘铭文拓片

地分为前后两半，各九列，上下左右均十分平齐，成两个对称的长方块状。而且纵成列，横成行，已经一丝不苟。这里还值得一提的是那篇记下器主受册命整个仪式的《颂壶铭文》，一如仪式的有板有眼，这篇铭文在书写之前，竟先画出了方格[8]，其纵横有章的讲究更为明显。这些字体、格式进一步方整化，就是所谓的籀书或大篆了。相传籀书出自周宣王太史籀之手，从金文西周中期以后的这些发展来看，应该不是无稽之说。

就这样，周代青铜纹饰及铭文，共同组合成了一个独特的"文质彬彬"的艺术世界。

朴拙写实的尊象器塑

周代礼乐文化之风，在那些集实用与立体雕塑于一体的青铜工艺中也得到了回响。一如殷商时代的工艺雕塑，周代青铜器也有许多被铸成姿态各异的动物造型，但就像被一支无形的毛刷轻轻拂掠过一般，不经意中，这些动物一反商器的怪异、神秘、龇牙咧嘴，而都变得平和、温顺了许多，而且无论哪一个形象你都会似曾相识，因为它们就是现实中本来的模样。有些造型仍还是附着在器物上作为装饰出现的，但因其浮雕出了整个形象，也就更可见其雕塑工艺的水平和追求。现藏上海博物馆的西周**四虎钟**（彩图3），也称"四虎镈"，即是因钟两侧饰有四虎而得名。另外湖南桃江县还出土有一件西周时代的四马方座铜簋，乃是以马为饰。这是一件通高约三十厘米的鼓腹带座簋，簋的周肩分别雕着四个伸出脖颈的马首，马身呈卧姿，已与簋器器身合为一体，因而该部分也还只能算是浮雕装饰。真正显示立马造型的部分是簋的底座。正是沿着座的周边，又顺势塑出四匹两两背向、昂首而立的骏马，构成底座的四角，马身、马腿、马足都十分写实，马鬃马尾也都被细细刻画[9]。无论簋肩的卧马还是簋座的立马，都呈静静平视的神态，马口微闭，目不转睛，十分安然自若。

直接将器身塑成立体雕像的铜器都还是酒尊，这显然是在继续着商代铜器铸形象于尊器的做法，但与商尊总要再叠加许多物象和纹饰以至变得奇形怪状不同，今见周代的虎尊、牛尊、羊尊、马尊、鸭尊、鸟尊等，均十分单纯，已经把模拟实物作为造像的基本追求。相传出土于陕西宝鸡斗鸡台、现藏美国弗里尔美术馆的西周**虎尊**（008），其风格与四虎钟近似。出土于辽宁喀左

器物造型为平身站立、首颈前伸、卷尾低垂的虎形，虎腿粗短，四足成块状底座，造型受尊器实用性的限制还比较明显，但周身随躯体饰以不同斑纹，已无神秘色彩；虎面瞠目露齿，却不给人以狰狞恐怖之感。

008 虎尊
（现藏美国弗里尔美术馆）

马厂沟的**鸭尊**（彩图4），亦为静立之态。整个造像看上去已经十分接近于实物形体，单纯朴实，毫无怪异奇特之感，诸如脚蹼、鸭尾也已注意细部刻画；尤其是其线条的流畅、柔和，比例的匀称、和谐，神情姿态的安静、沉稳，更是打上了周器的鲜明印迹。比较而言，铸于西周穆王时代的**盠驹尊**（009），几乎完全是马驹的复制。这是一匹看上去十分乖巧的小马驹，矮足，短尾，首微低，两目凝视，前腿挺直并立，后腿微曲略开，静静地稳稳地立在那里。据马驹胸前铭文，知该尊作于盠参加周王举行的执驹典礼之后，乃是作为获赐两匹马驹的纪念，也就更重形象的栩栩如生，而较少受到器物造型的局限。出土于太原金

造像逼真，耳窝、腿肌、
马蹄等等，每个局部、细
部都按实物雕塑。

009　盠驹尊
（陕西郿县出土）

胜村的春秋时器鸟尊，写实的追求更加明显，雕
塑也明显精致、细密了许多，身上已呈羽翅状纹
饰。长着滚圆肚腹的身躯似向后微蹲，脖颈又向
前伸去，造型有了动感。更为有趣的是，鸟尊的
喙部已可开合，尊前倾时嘴便张开，复位后嘴又
闭上，可谓模仿艺术与方便实用的"天作之合"。

　　可见，这些尊象总体风格是务实、素雅，多
呈静态、沉稳甚至板滞有余，活泼不足，这与它
们大多作为摆设陈列的周制礼器不无关系。而与
此有些异趣的春秋鸟尊，则已是战国时器的先声。

　　西周时代独立的人物雕像也还少见，大多仍为器物的附属性装饰，但同样与殷商时代的宗教意味有别，此时所铸雕的人物已经完全没有了怪异神秘和符号化的色彩，而变得十分平易、现实。比如现藏故宫博物院的铸有**刖刑奴隶守门鬲**（彩图 5）的铜鼎。此外洛阳北瑶出土有一件**人形车辖**（010），已经完全是一个现实中的人物形象。只是人物的表情还略显呆板，像这时期的尊像一样，也有待战国激情的到来而注入新的活力。

人物附着在车辖上，作叉腰、屈膝而坐的姿势，头戴网状束发物，长脸形，高颧骨，嘴微启。

010　人形车辖（河南洛阳北瑶出土）

〔1〕 参见于省吾《利簋铭文考释》,《文物》1977年第8期。

〔2〕 参见唐兰《西周青铜器铭文分代史征》第11—16页，中华书局，1986年版。

〔3〕 参见《简明中国文物辞典》第89页，福建人民出版社，1991年版。

〔4〕 参见《简明中国文物辞典》第86页，福建人民出版社，1991年版。

〔5〕 参见《陕西省岐山县董家村西周铜器窖穴发掘演示文稿》,《文物》1976年第5期。

〔6〕 参见《简明中国文物辞典》第90页，福建人民出版社，1991年版。

〔7〕 统计数字来自郭宝钧《中国青铜时代》第241页，三联书店，1963年版。

〔8〕 参见《中华文明史》第2卷，第352页，河北教育出版社，1989年版。

〔9〕 参见陈国安《湖南桃江县出土四马方座铜簋》,《考古》1983年第9期。

5

「立象以尽意」

《周易》智慧的诗意化

在周人的审美文化现象中，有一部十分特别的著作是不能不提的，其特别之处就在于它本是一部用做算卦的筮书，却用蕴含不尽的符号、形象、象征、诗意等艺术美的形式，最鲜明地体现了周人的哲学、世界观、人生观、智慧、审美趣尚等等意识、精神的全部，确实给人以目不暇接、咀嚼不尽之感。这本特别的书，就是《周易》。

《周易》的创制和使用

据《左传·宣公六年》载，郑国有位名叫曼满的大夫有一天对王子伯廖讲，他想得到公卿的爵位。伯廖当时是如何回答曼满的，史书无载，但过后伯廖却对旁人讲了这样一句话：

> 无德而贪，其在《周易》《丰》之《离》，弗过之矣。

伯廖的意思是曼满为人无德，对郑人没有什么大的作为和贡献，却贪图更高的地位和权势，肯定没有什么好下场，其结果就写在《周易》《丰》卦变《离》卦的那条爻辞中，不会超过那个年限的。

查《周易》《丰》上六阴爻变阳爻，即为《离》，则伯廖所指的爻辞即为《丰》上六，上面写道：

> 丰其屋，蔀其家，窥其户，阒其无人，三岁不觌，凶。

房屋高高大大，院子里还搭了凉篷，但院门紧闭，从门缝里望进去，里面寂静无人，且已三年之久。这里十分清晰地描写了一幅豪门巨室遭灭门之祸的图景。而《丰》上六在卦象中所居的位置，正是穷极必反，过中而败，与爻辞之象构成某种必然的因果关系和说明系统。

果然，事间一年，贪欲过度的曼满为郑人所杀，连前带后，历时正应了爻辞里面出现的"三岁"之数。

鲁宣公六年即公元前603年，时为春秋中期稍后一点。

《左传》的这条记载，为我们提供了当时的许多文化信息。首先，在周人中曾流行过一部当时即称作《周易》的用来卜知未来的筮书；其次，该书已为时人所熟知和称引，其使用并不只限于卜筮之官的"专业"范围；再次，该书卦象、繇辞已一应俱全，且编排停当，与今见《周易》古经内容、次序等都已比较吻合。

当然，能够说明这种情况的远不止这一处材料，也不止《左传》一书。《国语·晋语》记载晋公子重耳在由秦返晋之前曾亲自占筮，想知道自己能否享有晋国，得贞《屯》悔《豫》，筮人以另两部"易"书《连山》《归藏》占卦，皆曰"不吉"，重耳随从司城季子却说："吉。其在《周易》，皆利建侯。"所据就是《周易》屯卦、豫卦的卦辞。

《周易》特在"易"前冠以"周"字，有释作"周遍"之意者，《周礼·大卜》称："大卜……掌三易之法，一曰《连山》，二曰《归藏》，三曰《周易》"，郑玄对其中《周易》的解释就是"《周易》者，言《易》道周普，无所不备"[1]；也有释作"周人"之"周"者，孔颖达《周易正义》卷首《论三代易名》就说"文王作《易》之时，正在羑里，周德未兴，犹是殷世也，故题周以别于殷"[2]。文王是否作《易》今已很难考实，但据早期书籍命名的习惯，所谓称"周"以别于殷的说法似乎更有见地，而这一说法，正涉及《周易》成书的年代问题。

《周易》本是一部占筮算卦书，其中包括：① 由阳爻（▬）、阴爻（▬ ▬）两个符号叠成的八个卦象，即乾（☰）、坤（☷）、震（☳）、巽（☴）、坎（☵）、离（☲）、艮（☶）、兑（☱），分别代表天、地、雷、风、水、火、山、泽八种基本的物质形态，以及可以由此引发开去的一切现象和事物；② 八卦两两相重形成的六十四重卦，诸如乾卦（䷀）、坤卦（䷁）、泰卦（䷊）、否卦

（☷）等等，表示八类不同物质、事物、现象组合之后的关系和相互作用；③ 附在卦象后面用来说明卦象的卦辞，诸如《泰》卦卦辞"小往大来"和《否》卦卦辞"大往小来"；④ 跟在卦辞后面用来说明各爻的爻辞，诸如《乾》初九的"潜龙勿用"和《坤》初六的"履霜坚冰至"。于是，古人便有了诸如伏羲画卦、神农重卦、文王作卦爻辞或伏羲画卦、文王演为六十四卦并作卦辞、周公作爻辞等种种说法。作者皆与"圣人"挂钩，这当然是欲"神圣之"的心理使然，但传说该书所出的殷末周初的时代还是可以参考的。联系到其中的卦爻辞多涉殷末周初事，以及"题'周'以别于殷"的命名方式，这部著作形成于殷末周初的可能性还是极大的。《易传·系辞下传》称"《易》之兴也，其当殷之末世，周之盛德邪？当文王与纣之事邪"，又说"《易》之兴也，其于中古乎？作《易》者，其有忧患乎"，其推测还是相当审慎的。据近年考古发现，在周人发祥地岐山的出土文物中，有以数字形式刻写下来的八卦、六十四卦的痕迹[3]，有卦象、有占筮，当有相应的筮辞，至少应有口头形式的筮辞，这也是《周易》形成于殷末周初的有力证明（按：今人称《周易》还包括后代注《易》的文字，即《易传》，时代已是战国中后期至汉代，这里所谓《周易》仅限于《易经》）。

可见，《周易》乃是形成于周初、并在整个周代被广泛使用广泛征引的一部特别的筮书，今见这部首尾完整、编排有序的《易经》，应该就是在这一过程中逐渐完成的，其中所包含的意识、思维、趣尚、表达方式等等，都深深打上了周人文化的烙印。

"弥纶天地，无所不包"　其中首先映入人们眼帘的就是它那种条理系统、富于逻辑脉络的编排形式。不像殷人甲骨卜辞的随卜随记，零乱无序，《周易》已经有象有辞，整编成册，且有了前后左右相关相连、整齐规律的内在次序。一如八卦阳（▬）、阴（▬▬）两爻符号秩序井然地变化排列，六十四卦的卦象卦辞也是两两相对相随、按照一定的变化规律一一展开的，上面是全以阳爻组成的乾卦，下面便是全以阴爻组成的坤卦；上面是上离下坤的需卦，下面便是上坤下离的讼卦……后来的《易传·序卦》专门阐释其排序之妙，所谓"有天地然后万物生焉，盈天地之间者唯万物，故受之以屯，屯者盈也，屯者物之始生也。物生必蒙，故受之以蒙……"这虽属于后代的发挥，但也是本着文本本身明显的秩序感才会有此申说的。

当然，更重要的还是其中所蕴含的精神内容。作为用于占卦的筮书，其性质仍还属于殷商巫卜活动的余续遗风；但随着全书编排的完成，这部筮书已经形成了周人对于世界、人生所作出的理解的完整图示。他们把天地万物和社会人事浓缩在八个可以无限发挥的卦象之中，又用六十四卦展开这些事物的关系、交互作用及其变化，而对吉凶祸福和世事变迁的预知、把握，已是可以用关系、作用加以推知的结果，这就最为集中地体现了时人的认识、理解、智慧、哲理等等精神层面的内容，因此这又不是一般意义上的筮书，而是周人的哲学、美学、人生观、世界观……

在这里，我们第一次看到了天地万物与社会人事相互联系的完整模式，天人合一，包罗万象。八卦乃至六十四卦每一卦都包含着双重或多重意义，即是天象自然的，也是世事人生的，还是风格、品格、性格和状态的。这在文本卦象与卦辞的相互生发中随处可见。履（䷉）卦兑下乾上，泽下天上，柔顺和悦下，刚健上，正应和着小心翼翼、如履薄冰、以柔迎刚的人生态度，故卦辞出现了"履虎尾，不咥人，亨"的情景，即走在猛虎后面或踏上了虎尾，却因小心谨慎而没有被老虎吃掉，所谓有惊无险，逢凶化吉，如此便人生亨通顺达。在这里，乾既是天，又是刚，又是凶猛的虎；兑既是泽，又是弱小的人，还是和悦、柔顺的态度。同人（䷌）离下乾上，天明日升，正道直行，光明磊落，故卦辞有"同人于野，亨，利涉大川，利君子贞"的说法，提到"君子"，应和的是"天行健，君子以自强不息"的精神，在广阔无垠的原野团结广大的生民大众，应和的正是太阳光明无私、普照大地的美德。就这样，天上出日的景象引发出的是人的德行和作为，乾既是天，又是健，又是君子，还是广大的原野；离既是火，又是日，又是光明，又是美德。难怪《易传·说卦》会做出如此多的发挥，所谓"乾，健也；坤，顺也；震，动也……"，"乾为天，为圆，为君，为父，为玉，为金……坤为地，为母……为文，为众；震为雷，为龙……为长子；巽为木，为风，为长女……为进退；坎为水，为沟渎，为隐伏……其于人也为加忧；离为火，为日；艮为山，为路径……兑为泽，为少女，为妾，为羊"，其实，即使如此也难穷尽卦象的涵盖，这种"弥纶天地，无所不包"，人遵循着自然的启示，自然显示出意志和情态，正是《周易》天人合一的特点所在。

阴阳：二元对立的模式

《周易》包罗万象，又不是杂乱无章，而是以类相属的。八卦、六十四卦已经显示出时人归类、抽象的思维能力，而八卦、六十四卦又明显被设置为阴阳二元两两相对相应的关系结构。组成卦象的阳爻（━）、阴爻（╍）两个基本符号就是一对矛盾的象征；八卦乾对坤、震对巽、坎对离，艮对兑，又是天地、雷雨、水火、山川四对二元结构的极好展示；更有趣的是六十四卦也以同样的思路，构成了三十二对卦象，有泰卦就有否卦，有损卦就有益卦；前有家人，后就有睽，睽，乖离也，正与"家人"相对；前有晋，后有明夷，"晋"，日升也，"明夷"，日落也。就这样，周人用卦象，为我们展示了一个二元普在的大千世界，用他们那无所不包的符号系统，诠释了辩证哲学教科书中矛盾无所不在的基本原理。

这所有二元对立的事物、状态，又不是僵死的，凝固的，它们都是处在运动、成长、变化的过程之中，而且事物总是会向着它的对立面转化。正所谓"无平不陂，无往不复"（《泰》九三），整部《周易》的卦象爻位及其之卦、变卦，就都是在展示事物阴阳的相互作用及其变化的状态和规律。周人言占筮结果常常提到"遇某卦之某卦"，即由某卦变为另一卦，据

《周易》筮法表明，数签记数为六、七、八、九四个数，其中六八偶数为阴爻，七九奇数为阳爻，阴阳爻中，七和八又分别为不变之爻，六、九则为可变之爻。一旦数得可变之爻，就要阴爻变阳爻，阳爻变阴爻，整个卦象为之一变[4]。比如《泰》卦（䷋）上坤下乾，上为三阳爻，下为三阴爻，若数签记数全为六九，则阳爻全变为阴爻，阴爻全变为阳爻，成了上乾下坤，泰卦反为否卦（䷋）矣。反之亦然。这大概就是"泰极否来，否极泰来"的意思了。这种变卦之法最典型地体现了周人关于变化的观念。此外，在《周易》由六爻组成的卦象中，自下而上，每一爻所处的位置则分别表明事物由初期到后期、由低级到高级、由内向外等等各不同发展层次的状态，依次记作"初、二、三、四、五、上"。比如乾卦，初位为事物发端、萌芽，强调积聚力量，爻辞为"潜龙勿用"；二位为事物崭露头角，爻辞为"见龙在田"；三位为功业小成，主于慎行防凶，爻辞便是"君子终日乾乾，夕惕若"；四位事物新进高层，爻辞为"或跃，（或）在渊"；五位为事

物圆满成功，爻辞是"飞龙在天"；上位为事物
发展终尽，主于穷尽必反，爻辞便是"亢龙有
悔"。这又明显体现出事物成长、发展、变化的
层次之感。

刚柔兼济之美

然而，周人并不一味追求动荡和
变化，恰恰相反，认识到物极必
反，正是要防微杜渐，所谓"易
也者，易也，变易也，不易也"，
《周易》崇尚的乃是二元相遇、运动变化中所
达到的阴阳平衡、刚柔兼济的完美状态。比如
《泰》卦，上坤下乾，意为通泰吉祥，首先就
是取的阳气上升，阴气下伏，阴阳交和、天地
通泰之义，三阴三阳，又有阴阳持平之感，下
卦为内，上卦为外，还有外柔内刚之美，故卦
辞有"小往大来，吉，亨"的美辞。此外，卦
象六爻还有上卦下卦、阳位阴位之分，初、
三、五为阳位，二、四、上为阴位，其中二

位、五位又分别为下卦、上卦的中位。而从爻象、爻辞的相互生发中，正随处可见对刚柔中行的褒奖和首肯。比如大有之卦（☲），为大获所有、至为亨通之吉卦，其中就取意于卦象六五之爻"柔得尊位大中"的爻位之象。这里阴爻所居的五位为阳位，又是上卦之中位，正是既刚柔相济，又不偏不倚。稳重柔惠者得居尊位，事事都能保持中道而行，于是上下阳刚纷纷相应，大得人心，这是多么圆满的一种局面呵！再比如大壮，下乾上震（☳），"刚以动"，乃大为强盛之象，有趣的是其中唯九二、九四二爻为"贞吉"，就在于它们都是阳爻处于阴位，能够履谦不亢，强而不猛，刚中柔外，才得吉祥。相反，九三为阳爻处阳位，又是下卦之极，爻辞便是："小人用壮，君子用罔，贞厉。羝羊触藩，羸其角"，即小人妄用强盛，若君子就不会这样，因为妄用强盛只能带来危险，就像公羊躁急乱撞，撞在篱笆上夹了角。这就是处"大壮"之时反而要用"柔"来中和的意思了。

"立象以尽意"

当然，这所有哲学思想、处世学问和美学精神等，都是人们从卦象、爻象还有卦辞、爻辞所描绘的形象中悟出来的，这也就是《周易》思维方式和说话方式最突出的特点，即"立象以尽意"。

象，即可观可感的形象；意，即观念、义理；"立象以尽意"也就是用形象来说明义理，哲理内容采用了艺术的审美的表达方式，即所谓象征艺术。这一独特现象，当然与人类早期固有的具象化的思维方式不无关系，也是《周易》囊括天地万物之"意"所必须作出的选择。正所谓"言不尽意"，确定的概念难免要指向确定的事物，"达意"就会受到局限，唯有"象"才"取之不尽，用之不竭"，由此及彼，由物到人，联想生发，直至无穷。于是，《周易》拟物立象，为我们展开了一幅幅形象的画面。

八卦是"象"。它们虽只是阴阳二符以不同搭配叠加起的各种条线状符号，但每个符号已经是具体物象的化身，这里有山有水，有风有雷，

有无垠的天空，有广袤的大地，真乃天地万物，
尽收眼底。

六十四卦也是"象"。你看，晋卦坤下离
上（䷢），仿佛一轮红日从地平线上冉冉升起，
整个卦意正是取了事物发展、上升中的各种状
态；你再看明夷，离下坤上（䷣），又是太阳
西沉、夜幕降临之象，人世间也进入到晦暗不
明的世道。

卦辞、爻辞更是"象"。"辞"是语言，但
此"言"非后人所谓"言不尽意"之"言"，而
是形象化的语言，是与卦象爻位密切配合的语
言形式之"象"。卦爻辞中，除了一些宽泛的
"吉""凶""利""咎"等判断词语，绝大部分是
通过具体物象、人事、场景、境遇的形象描绘作
为象征，有的甚至不言吉凶，具体事理、答案就
蕴含在形象之中。

其中有物象，如前面提到的《大壮》九三
"羝羊触藩，羸其角"，乃公羊莽撞、碰壁受挫之
象，还有《坤》上六"龙战于野，其血玄黄"，
又是二龙相斗、两败俱伤之景。它如用"括囊"
（扎住布口袋）表征缄口不言、无咎无誉的状态

（《坤》六四），用"素履"（一对不着彩的鞋子）表征朴素无华、谨慎从事的行为（《履》初九），用"翰音登于天"（鸡飞上天）表征反常之极的现象（《中孚》上九）等等，也都是拟物以寓意的语言之"象"。

其中有情境，如一开始便提到的"丰其屋，蔀其家，窥其户，阒其无人，三岁不觌"（《丰》上六），一幅人去楼空、凄冷荒凉的败落景象。

其中还有一定的情节和故事，如《履》六三："眇能（而）视，跛能（而）履，履虎尾，咥人。"此人视力不好，却硬要视物，腿不利索，又到处乱走，结果因看不清而踩到了虎尾巴，又因走不迭而落入虎口，岂不哀哉！低能却要逞强者怎能不以此为戒。再比如《睽》上九："睽孤见豕负（伏）涂（途），载鬼一车，先张之弧，后说（脱）之弧，匪（非）寇，婚媾。"一失去亲人的孤子于漆黑之夜匆匆赶路，忽遇野猪伏在道中，又仿佛见一车鬼影向自己驶来，他本能地拉开木弓，但细审非鬼，亦非强盗，于是收起木弓，并与他们相识相交，成婚姻之好。难怪有学者会疑此是夏史传说中少康奔有虞途中的佚事[5]，这里叙事的曲尽其妙的确是可以当故事来看待的。

由此不难看到，较之卦象爻位，卦爻辞之"象"更为直观、真切，更有艺术形象之感。正是从这个意义上，《周易》中的卦爻辞已经进入了文学领域，乃周人文化初期语言艺术的集中展示。

《周易》的诗歌意味　　其实，这些辞有些原本就来自时人的歌谣、谚语，或者采取了当时流行的诗歌形式，而且后来在《诗经》中已经相当完备的赋、比、兴三体在这里都已见到端倪。用赋体的如：

屯如邅如，乘马班如。匪（非）寇，婚媾。（《屯》六二）

困于石，据于蒺藜；入于其宫，不见其妻。（《困》六三）

"匪（非）寇，婚媾"在卦爻辞中多次出现，婚媾又多与"乘马"连在一起，它如《屯》六四"乘马班如，求婚媾"、《贲》六四"贲如皤如，白马翰如，匪（非）寇，婚媾"即是，这应该是借用了当时流行的民间歌谣，歌谣反映的应是当时盛行民间的近似"姑娘追"之类的竞赛求婚习俗。《屯》六二就写出了数骑簇集、你追我赶的情景，求婚者还是大有人在的。《困》六三写的则是一次遭难的经历，一人在避难中磕磕绊绊，被荆棘划得遍体鳞伤，事后回到家中，妻子又不知去向，想必是被掳走矣。

用比体的也不乏其例，比如：

　　枯杨生稀，老夫得其女妻。（《大过》九二）
　　枯杨生华，老妇得其士夫。（《大过》九五）

这两个诗句在《大过》中分别置于不同的爻位，却遥相呼应，使人不禁联想到民间对歌的形式，而诗歌以枯树长出新牙和开出新花比喻老夫娶少女、老妇嫁少男，更是形象鲜明，格调明快诙谐，大有民歌俚曲的味道。

更值得一提的是兴体的出现：

　　鸣鹤在阴，其子和之；我有好爵，吾与尔靡之。
（《中孚》九二）

　　明夷于飞，垂其翼；君子于行，三日不食。（《明
夷》初九）

　　二诗皆以鸟儿起兴，但因分别表现宾主乐
和宴饮和君子饥饿落魄两种状态，便一为欢鸣
唱和，一为垂翼单飞，都有营造氛围和以象拟
意之功，与《诗经》中的歌唱几无二致，难怪
古人有言曰，"使入诗雅，孰别爻辞"（陈睽
《文则》）。

　　就这样，《周易》这部特别的筮书，其深邃、
丰富的义理，几乎就全部蕴含在这些具体鲜明的
形象之中，这就为中国审美文化的重要范畴"意
象"的提出，铺上了第一块基石。后代论书论
画，论诗论文，喜讲"言有尽而意无穷"，"诗
中有画，画中有诗"，溯其源，正是《周易》的
"立象以尽意"首开其先河呢！

〔1〕　孔颖达《周易正义》卷首《论三代易名》引，见《十三经注疏》第 9
　　　　页，中华书局，1980 年版。

〔2〕　《十三经注疏》第 9 页，中华书局，1980 年版。

〔3〕　参见陕西周原考古队《陕西岐山凤雏村发现的甲骨文》，《文物》1979 年
　　　　第 10 期。

〔4〕　参见高亨《周易筮法新考》，《周易古经今注》第 139—160 页，中华书
　　　　局，1984 年版。

〔5〕　见高亨《周易古经今注》第 271—272 页，中华书局，1984 年版。

"诗言志"与"赋比兴"

《诗经》现世人生的情志抒发

　　《诗经》中的许多作品本章前面几节中已经在多处引用过，这是不可避免的，因为《诗经》305篇，分《风》《雅》《颂》三部分，所收诗篇本大都是周代流行的歌曲，上自周初制礼作乐中诞生的乐歌舞诗，"天子听政"时"公卿至于列士"所献的诗章，下到太师所积累和采集的民间歌曲，可谓兼收并蓄；所历时间又正是周初至春秋中叶周代礼乐文化由形成到普及的时代，因此，它们完全是周文化的结晶，无论周代仪式典礼中的雅乐歌舞、规矩典雅的礼仪化生活还是周人的"君子"理想，都可在这里找到突出的表现。

这里要特别指出的是，春秋中后期《诗经》文本的最后结集，还标志着中国文学史上第一部诗集的诞生（甲骨卜辞的"诗歌"还只能算是一些简短的韵语；《周易》中的卦爻辞虽不乏诗歌体的辞句，但作为筮辞，还连带着一些吉凶祸福的判断，并与卦象爻位相配合，终究不是纯粹的诗歌）。因为这个"第一"，也因为它身上所凝结的中国文明之初的文化素质，当然还有汉代立为经典后的特殊地位，《诗经》奠定了中国诗歌乃至中国文学发展的基础。现在要专门展开的，正是它作为语言艺术文本，在文学方面所呈现出的审美文化特征。

讴歌人生和人性

首先，就文学题材来说，《诗经》虽是中国最早的诗集，却已经完全是凡人世界世俗生活和情感的展示，这里几乎没有神的故事，也极少巫觋的身影，有的只是人的主题、人为业绩的讴歌、人生问题的感慨、喜怒哀乐的倾吐等等，所涉及的题材范围也已经相当广泛。

即以周初的祭祀诗为例。说起来，在刚刚取代殷商入主中原的周人这里，神灵观念还不可能马上消失，而且，靠"天命"正名和靠宗法维系的政治需要，还要有意抬高天神和祖灵的地位，因此，周王朝隆重敬天事神，崇事宗庙社稷，收在《诗经·周颂》部分的大量祭诗即因此而生。但是，在祭神祭祖宗教外衣的包裹下，内里却是周人尚德崇文精神的体现和周人现实生活的写照。《维天之命》祭祀文王，全诗的内容只有一点，这就是对文王给周人创下的基业盛赞不已，感激不尽：

> 维天之命，於穆不已。於乎不（丕）显，文王之德
> 之纯，假以溢我，我其收之。骏惠我文王，曾孙笃之。

《载芟》是周人秋冬大报、祭祀天神之作，却完全是农业生产的一次巡礼：

> 载芟载柞，其耕泽泽。千耦其耘。徂隰徂畛。侯主侯伯，侯亚侯旅，侯彊侯以。有嗿其馌。思媚其妇，有依其士。有略其耜，俶载南亩，播厥百谷，实函斯活。驿驿其达，有厌其杰。厌厌其苗，绵绵其麃。载获济济，有实其积，万亿及秭。为酒为醴，烝畀祖妣，以洽百礼。……

诗作采用"赋"的手法，从除草砍树、开辟荒山隰地写起，写到耕耘、播种、庄稼的长势，又一直写到收获、祭祀，铺叙了一年农业生产的过程、规模，甚至描写到田间地头男女老少吃喝言笑的场面，虽为祭祀诗，却宛如一幅活生生的农事图、田家乐。

收在《大雅》中的《生民》《公刘》《绵》《皇矣》《大明》等周人的"史诗"也很有特点。其实，这些诗也是祭祀诗，并不同于其他民族弦歌传唱的长篇叙事史诗；之所以称它们为"史诗"，就在于它们较《周颂》中的祭诗更为具体地展示了周先公先王创业奠基的丰功伟绩，在一定程度上反映了先周时期周人不断发展壮大的历史过程。《生民》在提到始祖后稷神奇的降生之后，即以大量篇幅写到了后稷对种植农业的发明、良种的选择、庄稼的长势、收获的喜悦和祭祀的操作过程；《公刘》写的是先公公刘率周族自有邰迁豳定居的史迹，有迁居前"乃裹餱粮""弓矢斯张"的准备，有一路上"陟则在巘，降则在原"的考察地形，还有定居新所后"于时处处，于时庐旅，于时言言，于时语语"的安居乐业、欢声笑语的融融场面；《绵》写古公亶父又因昆夷的侵扰，率族自豳迁岐，来到周原建立基业，建庙、筑室、造城、立社，于是有了"捄之陾陾，度之薨薨，筑之登登，削屡冯冯，百堵皆兴，鼛鼓弗胜"的热火朝天的建筑气氛；《皇矣》展示了在天命的烛照下，古公亶父开辟岐山、其子王季"奄有四方"、其孙文王伐密攻崇壮大周族的赫赫业绩；《大明》则是牧野之战、武王伐纣的颂歌：

> 殷商之旅，其会如林。矢于牧野：维予侯兴。上帝临女（汝），无贰尔心。牧野洋洋，檀车煌煌，驷騵彭彭，维师尚父，时为鹰扬。凉彼武王，肆伐大商，会朝清明。

面对"其会如林"的"殷商之旅",武王誓师牧野,要求大家齐心协力,"替天行道"。于是,在广阔的牧野,战车摆开阵势,红马威风凛凛,将士们雄鹰般勇猛,周人大获全胜,赢得了天下。

这些诗中的主角,已经不是手杖化林、息壤治水、呼风唤雨的神话英雄,也不是乘龙御凤、登临帝所、沟通人神的巫觋神人,而就是邦族中英明俊德的首领,他们没有"一日七十化"的魔力,也没有移山填海的神功,后稷聪明颖慧,善于思惟("克岐克嶷""有相之道""载谋载惟"),公刘笃厚忠实,日夜忧劳("笃公刘,匪居匪康"),亶父领导有方,因材用人("乃召司空,乃召司徒"),王季仁心善行,团结友爱("因心则友""则友其兄"),文王能文能武,有德有望("其德克明,克明克类,克长克君"),武王统领将帅,克敌制胜("维师尚父,时维鹰扬"),他们有的只是平凡而伟大的人的精神和素质。

其实,即使这种宗教祭祀诗在"诗三百"中也已不占主要部分,这里更大量的已完全是人间现实生活内容和感受的展示和抒发。"二雅"因多为日常典礼乐歌和公卿列士的"献诗"之作，较多涉及了周代政治和社会生活的种种方面，宴饮游猎、戍边征役、宗人关系、执政得失、官场环境、人生境遇……在这些诗中均有回声。《小雅·常棣》《伐木》均在"和乐且湛""笾豆有践"的宴饮之会中反复申说着"凡今之人，莫如兄弟""兄弟无远"的宗亲伦常之情；《小雅·采薇》《出车》《六月》写的又是在"不遑启居，玁狁之故"的时候"出车彭彭"保家戍边的经历、战绩、辛劳和想家的心思；《小雅·车攻》《吉日》写天子诸侯会猎邑郊，于是有"萧萧马鸣，悠悠旆旌"的场面和"发彼小豝，殪此大兕"的收获；《小雅·斯干》写贵族之家的日常生活，于是有"如跂斯翼，如矢斯棘，如鸟斯革，如翚斯飞"的宫室营建和梦熊梦蛇、生男生女、弄璋弄瓦的习俗和说法。《小雅·节南山》《正月》《十月之交》《小旻》和《大雅·民劳》《桑柔》《瞻卬》《召旻》等则是西周后期出现的一批涉及政治得失和官场生涯的政治抒情诗、怨刺诗或进谏诗，从其中"赫赫师尹，不平谓何""四国无政，不用其良""忧心惨惨，念国之为虐"等等

的质问和忧虑中，可知其时已是危机四伏；从
"谓天盖高，不敢不局；谓地盖厚，不敢不蹐"
和"战战兢兢，如临深渊，如履薄冰"的感觉
中，更可见公卿大夫和士子们在复杂的官场环境
中小心从事的心态。应该说，这些诗都更完全是
立足于现实人生的真实感受了。

至于十五"国风"，其中有相当一部分本是
来自各诸侯国所在地的土风乐歌，诗作所涉及的
题材不但更加广泛，且已深入到个体家庭和感情
生活的层面，人生感受已经表现得相当细腻。

比如其中占极大比重的男女情爱题材，从公
开的社交聚会到男女幽会，从初恋、热恋、失恋
的各种心理到婚嫁或情绝的不同境遇，几乎男女
感情生活的每个方面，在这里都可找到动人的篇
章。《郑风·溱洧》展示的是一幅节日里青年男
女成双结对到郊外河边赏景交游、嬉戏结情的生
动画面：

> 溱与洧，方涣涣兮，士与女，方秉蕳兮。女曰"观
> 乎？"士曰"既且（徂）。""且往观乎？洧之外，洵訏
> 且乐。"维士与女，伊其相谑，赠之以芍药。

《邶风·静女》写的则是一次幽会的小插曲，主人公起初为姑娘的"爱（薆）而不见"而"搔首踟蹰"，后来发现姑娘早就来了，还含情脉脉地送给他一把白嫩的茅和红嫩的草，大喜过望，竟反反复复地对茅儿草儿念叨说："彤管有炜，说（悦）怿女（汝）美。""自牧归荑，洵美且异。匪女（汝）之为美，美人之贻。"真可谓"爱屋及乌"，幸福的感受溢于言表。《王风·采葛》表达分别后不尽的思念，遂有"彼采萧兮，一日不见，如三秋兮"的感觉；《郑风·东门之墠》的主人公因渴望近邻男子而不得，遂有室近人远之感："其室则迩，其人甚远。""岂不尔思，子不我即。"《王风·大车》的主人公则因一段两情难成眷属的挚爱而相约于黄泉："榖则异室，死则同穴。谓予不信，有如皦日。"《鄘风·柏舟》又是一次为父母干涉自己的选择而被迫发的死誓："泛彼柏舟，在彼中河。髧彼两髦，实为我仪。之死矢（誓）靡它。母也天只！不谅人只！"《唐风·绸缪》把新婚的兴奋表现得淋漓尽致："绸缪束薪，三星在天。今夕何夕，见此良人。子兮子兮，如此良人何？"《邶风·谷风》又把女主人公在丈夫另娶新人后被弃的感受表现得苦不堪言:"谁谓荼苦,其甘如荠。"

　　读着《诗经》中的这些篇章,你会感到它们并不离奇,甚至太过平常,但却十分亲切动人,灵犀可通,因为它们已经把根深深扎在了人间现世生活的土壤中,用人情人性普普通通、实实在在却亘古永恒的话题,搭起了一座古今理解的桥梁。这种由第一部诗集便凸显出的非神话非宗教的现世、世俗情感特征,对后来中国诗歌乃至整个中国文学题材、内容范畴的取向,无疑有着规定作用。

《诗经》的抒情表现艺术

　　《诗经》这些立足于现世人间的生活内容,无论《风》中的生活抒情还是"二雅"中的政治遣怀,又大多是以主人公自我抒发的艺术方式表现出来的,较之客观生活事件本身,人们由此生发的主观感受、心情、心理占据了诗作更大的篇幅。也就是说，以现世实在为特征，它们多为"缘事而发"，不会作超现实的虚拟和玄想，但在艺术表现中却舍"事"重"发"，往往只对事件或情况作简要概述，并不描述模拟，甚至只字不提，主人公让我们看到的多是甚至只是他（她）们浓浓或淡淡、热烈或绵长的情思和怀抱。

其实，上面提到的周族"史诗"，不同于其他民族史诗的诸多特点，就源自这种抒发情感的基本性质。作为祭诗，身处"祭神如神在"（《论语·八佾》）的宗庙，面对被祭的先王之灵，作诗者提到先公先王们的光辉业绩，显然不在于再现历史过程，而是要表达感念、祈祷之情，因此，诗作尽情夸美，几乎全部略去了先祖创业中筚路蓝缕的种种挫折、错失、矛盾和磨难，略去了激烈的冲突和流血，只述说那辉煌的时刻和功绩；诗章不以展开描述为上，也不讲述具体的情节和故事，而多用表情色彩浓重的形容词及反复咏唱的形式，增添感情分量。从这个意义上说，称它们为"颂史诗"似乎更为贴切。

《诗经》中的"史诗"已是如此，那些从个体出发直接抒情的作品当然更是如此。《王风·黍离》是一篇感情十分抑郁沉痛的文字，诗人写道：

> 彼黍离离，彼稷之苗。行迈靡靡，中心摇摇。知我者，谓我心忧，不知我者，谓我何求。悠悠苍天，此何人哉？

今存最早解《诗经》的文字《毛诗序》据开首"彼黍离离，彼稷之苗"二句，将此诗断为"闵宗周"之作，称"周大夫行役至于宗周，过故宗庙宫室，尽为禾黍。闵周宗之颠覆，彷徨不忍去，而作是诗也"。然而宋人王质就看出了其中的问题，因为该诗第二章、第三章起句又分别提到了"彼稷之穗""彼稷之实"，"自苗至穗，自穗至实，度及半载"，行役似"不应无故淹留至此"（《诗总闻》）。还是清人崔述更透彻一些，他看出了"作诗者多就其所见以起兴"，"意原不在于物，岂得以章首言'黍稷'遂断以诗人之旨在是乎哉？"（《读风偶识》）其实，"是"与"不是"都难求确解，因为作者原就不打算告诉你他的忧伤缘何而发，正所谓"知我者，谓我心忧，不知我者，谓我何求"，诗让我们感到的，只是一种悲怆难言、凄凉孤独的情绪和心境。

它如《邶风·新台》：

> 新台有泚，河水瀰瀰。燕婉之求，籧篨不鲜。
>
> 新台有洒，河水浼浼。燕婉之求，籧篨不殄。
>
> 鱼网之设，鸿则离之。燕婉之求，得此戚施。

关于这首诗，《毛诗序》称："刺卫宣公也。纳伋之妻，作新台于河上而要之。国人恶之，而作是诗也。"对此，论者多无异辞。伋乃卫宣公之子。卫宣公本为伋娶妻于齐，后闻齐女美丽无比，便在河上筑新台，半路截娶据为己有。如此公然霸占子媳，可谓卫国一大丑闻。不过，我们之所以了解该诗的本事和背景，完全凭的是注释序说的材料，若就诗作本身来看，表现的只是对这件事厌恶、嘲讽的情绪和态度，他们唱着"姑娘本想嫁个美少年，偏偏撞上个癞蛤蟆"，以此指桑骂槐，却没有告诉你任何具体的人和事，其重心显然也是在表现主观情绪，而非以叙述客观事实为旨归。

当然，《诗经》中也有一些带有较多叙事和

描写成分的诗作，如《卫风·氓》写宗法婚姻制度下妇女被丈夫厌弃的不幸命运，其中女主人公与男方订婚、结婚直至婚变的发展过程交待得就比较具体，还出现了一定的细节描写：

> 氓之蚩蚩，抱布贸丝。匪来贸丝，来即我谋。送子涉淇，至于顿丘。匪我愆期，子无良媒。将子无怒，秋以为期。（一章）

> 乘彼垝垣，以望复关。不见复关，泣涕涟涟。既见复关，载笑载言。尔卜尔筮，体无咎言。以尔车来，以我贿迁。（二章）

> 三岁为妇，靡室劳矣。夙兴夜寐，靡有朝矣。言既遂矣，至于暴矣。兄弟不知，咥其笑矣。静言思之，躬自悼矣。（五章）

由这些诉说，我们知道了这一对本是自主恋爱，婚前男子情热似火，女子为其所动，亦热情奔放，不过她还是郑重对待自己的终身大事，明媒正娶嫁到了男家。然而婚后两人的位置却发生了颠倒，尽管女子殷勤操持，却没能阻止男子的凶暴。就这样，女主人公的遭遇的确给我们以具体而深刻的印象。但是，这首诗又全是以抒情主人公思前想后的意识流动为线索结构组篇的，而且是以表现主观感受为中心，叙事只是抒情的材料。其中还夹有对这一经历的主观认识和感慨，正所谓"于嗟女兮，无与士耽。士之耽兮，犹可说（脱）也，女之耽兮，不可说（脱）也"。因此，这其实是一首典型的抒情之作，叙事描写成分的加入，乃是心理活动充分展开的一种表现。类似的艺术表现还有《豳风·东山》。诗篇以"我徂东山，慆慆不归。我来自东，零雨其濛"拉开序曲，接着便是这位征士终于踏上归途后纷繁思绪的自白。当时听到要回家的消息，心中不禁百感交集，"我东曰归，我心西悲"，而且不无心酸地感叹："制彼裳衣，勿士行（衔）枚。"终可换上百姓衣，再不用行军把木棍衔了。望着眼前桑间满地蜷缩的"蜎蜎者蠋"，征人马上想到了此前在军营，"敦彼独宿，亦在车下"。由战后的满目荒凉，脑海中出现的是家园的荒芜："果臝之实，亦施于宇。伊威在室，蟏蛸在户。町疃鹿场，熠燿宵行。"由家园，想到家中孤独的思妇，甚至想象着她为迎接自己忙碌的身影："鹳鸣于垤，妇叹于室。洒埽穹窒，我征聿至。"

想到妻子，思绪又飞回到当年她出嫁时的情景："仓庚于飞，熠燿其羽。之子于归，皇驳其马。亲结其缡，九十其仪。"于是，征士思忖："其新孔嘉，其旧如之何？"原来，这还是一场"新婚别"。可见，这些诗作已经深入到充分传达心理活动的层面，标志着《诗经》抒情艺术发展的水平。

《诗经》这种明显偏于主观表现的创作倾向，这大量优美感人的抒情诗的涌现，无疑是中国诗学"诗言志"说提出的直接依据。这一足以与西方"模仿说"分庭抗礼的美学命题，最早出现于《尚书·虞书·尧典》(于《伪古文尚书》出现在分出的《舜典》中)，书中提到舜命乐师夔"典乐，教胄子……诗言志，歌永言"，"诗言志"指的就是"诗所以言人之志意也"[1]。按《尚书》中的《虞书》乃后人根据传说所补充，不能作为尧舜史料，已是定论，但《虞书》的出现至迟不会晚于春秋中期，《左传·文公十八年》已经提到"《虞书》"之名。这样，"诗言志"之说作为春秋时代的产物，正与《诗经》的艺术实践相呼应。汉代《毛诗序》把"诗言志"作为一个鲜明

的口号提出来，更直接就来自对《诗经》抒情言
志特征的把握和诠释。

赋比兴：情景、心物关系的初步展开

情、志，作为主观心理的部分，一旦成为诗歌艺术表现的内容，就有个如何外化为可感可知的审美对象的问题，这也就是今人所说的艺术表现手法。手法的选择，往往也是文化性格、审美风格的重要标志。那么，《诗经》又多是采用何种方式，把那种种的喜怒哀乐呈现在人们面前的呢？

前面在引用《王风·黍离》时，曾提到论者关于诗歌开首"彼黍离离，彼稷之苗"二句所写物象的解读，以及清人崔述"作诗者多就其所见以起兴""意原不在于物"的说法。《黍离》之"意"不在"物"，而在"情"，已如前述；然而《黍离》毕竟又提到了"物"，让人品味"物"，这正是《诗经》抒情手法的最大特

点。这里的确喜欢抒情，但却不喜突如其来，不怎么直抒胸臆，而是常常借助于物象、情景、事体的点染、比拟和诉说，或因物起情，或托物取喻，或感事而发，或写景抒情，以一种委婉、有味、有形、有色的方式把感情呈现出来，这就从一开始便把中国诗歌创作中始终围绕的情与景、心与物、志与事等等的关系，提到了"议事日程"。中国古代"赋、比、兴"这一著名的美学原则，就是从《诗经》的这种艺术表现中归纳出来的。

"赋""比""兴"本是"六诗"或"六义"中的三项，《周礼·春官》有"教六诗"之说，所谓"大师掌六律六同……教六诗，曰风，曰赋，曰比，曰兴，曰雅，曰颂"；《毛诗序》有"诗有六义"之说，所谓"故诗有六义焉，一曰风，二曰赋，三曰比，四曰兴，五曰雅，六曰颂"。寻其语义，它们或指诗的六种类别，或指诗的六种用法，原都非指作诗之法。但后来论者所用"赋、比、兴"的概念，已经作了重新诠释，多已是对《诗经》以来诗歌艺术表现的归纳和总结，其中比较著名的如宋代朱熹对"赋、比、兴"的释义，就是从创作角度着眼的：

> 赋者，敷陈其事而直言之者也。
>
> 比者，以彼物比此物也。
>
> 兴者，先言他物以引起所咏之词也。

其中，除"赋"是对一般陈述的总结外，"比"指以物比义，"兴"指借物发端，就都涉及《诗经》抒情言志中对于"物"的运用和描写。

《诗经》用"比"俯拾即是。其中如《小雅·天保》表现祝福，便一连用了一系列盛大恒定的自然外物，以喻福寿之大、之多、之久：

> 天保定尔，以莫不兴。如山如阜，如冈如陵。如川之方至，以莫不增。……如月之恒，如日之升。如南山之寿，不骞不崩；如松柏之茂，无不尔或承。

绵绵山脉，浩浩春水，不落的日月，长青的松柏，这些近在眼前的鲜明形象都在"诉说"着心中厚重永恒的希望。《小雅·鹤鸣》言招贤纳士之理，通篇更只见活生生的物象：

> 鹤鸣于九皋，声闻于天。鱼在于渚，或潜在渊。乐彼之园，爰有树檀，其下维榖。他山之石，可以攻玉。

仙鹤身处水边，它那美妙的声音却可上闻于天；水中又是鱼儿的天下，上下皆可见到它们的身影；园中有树，檀可作车，榖可为布，也是各有其用；山中之石，管它此山彼山，都可借来攻治美玉。诗为我们展示了一个各得其所的天地，要说的却是应各尽其才，这就如清人王夫之所说的了，"《小雅·鹤鸣》之诗，全用比体，不道破一句"（《薑斋诗话》）。不过，这应属于着一"乐"字，境界全出，正因为有了"乐彼之园"的一个"乐"字，情浓意切，物象才全部有了人的意味。

用物象景象作为诗章或诗句开头的"兴"在《诗经》中更为普遍，而且，《诗经》中大量的起兴都不单纯只是起到开头的作用，兴所描写的事物与诗所歌咏的内容多有某种内在的联系。

其中有些兴象，积淀了长期约定俗成的文化意味，因而具有表意的功能。比如"鱼"乃至钓鱼、食鱼等等与"鱼"有关的事物，已被作为求偶、性爱的廋语，《卫风·竹竿》表达对心上人的思念，便有"籊籊竹竿，以钓于淇"的起句；"薪""束薪"多隐指妻室，《唐风·绸缪》表现新婚的兴奋，就有"绸缪束薪，三星在天"的开头,《周南·汉广》第二章提到心上人出嫁,也是以"翘翘错薪,言刈其楚"起情。这里用来起兴的外物都直接参与了诗意的传达,又使抒情曲折有致,兴味盎然。

还有的兴象,是兴而比,先言的"他物"与"所咏之辞"之间有一种内在的比喻关系。《周南·关雎》开首一句"关关雎鸠,在河之洲",是即景,也是取喻,水鸟的和鸣,正象征着淑女配君子的和谐境界;《邶风·燕燕》"燕燕于飞,差池其羽",是目之所见,更是反比成喻,燕子双飞,人却别离;《周南·桃夭》是一首婚嫁之歌,开首一句"桃之夭夭,灼灼其华(花)",把人们带进一个桃花盛开、红光艳丽的场景,这里有热烈气氛的烘托,也应该有以桃花形容新娘的意味;《邶风·北风》为"刺虐"之作,所谓"卫国并为威虐,百姓不亲,莫不携持而去焉"(《毛诗序》),人们之所以基本认同《毛诗序》的这一说法,正在于兴象"北风其凉,雨雪其雱"所展示的寒冷、刺骨的愁惨气象,最容易使人联想到严酷和暴虐。这些喻体与本辞之间,多不在于外在的形似,而在气氛、情绪、意义等的关联，从而为人们提供了更多回味的空间。

还有的兴象，与所咏之辞发生关系，乃是出于某种联想，如《召南·殷其雷》，以"殷其雷，在南山之阳"起兴，表达对终年服役在外的丈夫的思念，雷声必是容易被疑为车声，又因其并非车声而更令人失望，才被用来引发思人情怀的，后来傅玄《杂言》的"雷隐隐，感妾心，倾耳清听非车音"，就是对此最好的注脚。

"比兴"之外，《诗经》借助景物抒情达意，还有一种情况，即在诗中通过对具体景物的刻画描写，对情感表现起到烘托渲染的作用。《王风·君子于役》是思妇对征役在外的丈夫的思念和牵挂，诗中出现了一幅黄昏时分人畜返家的生活图景：

> 君子于役，不知其期。曷至哉？鸡栖于埘，日之夕矣，羊牛下来。君子于役，如之何勿思？

日落黄昏，鸡入舍，牛羊走下山坡，出外劳作的人们也纷纷返家，寂静的山村想必顿时变得炊烟缭绕，人声嘈杂，然而，村中别处的喧嚣热闹，正反衬出思妇这里的孤寂和思愁，毕竟征人不知何时归。《豳风·东山》写久征后终于返家的思绪，四章开首都有"我徂东山，慆慆不归；我来自东，零雨其濛"的咏唱，一句"零雨其濛"，又以阴雨迷蒙的氛围，决定着全诗略带忧伤的基调。正是这种已经带有主观色彩的景物描写，使有些诗作几乎达到了寓情于景的艺术境界，如《秦风·蒹葭》：

> 蒹葭苍苍，白露为霜。所谓伊人，在水一方。溯洄从之，道阻且长。溯游从之，宛在水中央。

这显然是一场阻力重重、可望而不可即的追求、向往，"伊人"那总在前面出现却又总难接近的身影就是说明，那晚秋水边一片萧瑟、苍茫的景象更是答案，就这样，主人公的不尽惆怅全部写在了诗的画面之中。再比如《小雅·采薇》的最后一章：

> 昔我往矣，杨柳依依；今我来思，雨雪霏霏。行道迟迟，载渴载饥。我心伤悲，莫知我哀。

这是一首感情颇为复杂的戍边诗，在表现抵抗獫狁保家卫国态度的同时，又吟唱着久戍无归、

"我行不来（徕）"的忧伤，诗中便出现了"杨柳依依"和"雨雪霏霏"两种景象的鲜明对比，当年出征，虽不无依依惜别之意，春光明媚，毕竟心情开朗、向上；如今归来，本是久已盼望的欣喜，但阴沉泥泞的背景，似乎却诉说着饱经沧桑后的悲凉。环境的衬托，的确有效地传达出主人公前后不同的心境，难怪会被后人目为"毛诗"中最佳的诗句（《世说新语·文学》）。

《诗经》大量援物入诗，借景言情，构成了特有的委婉含蓄和谐的美，这里情与景、心与物就总体而言虽尚未达到交融合一的境界，却是情景结合的开端，从根本上决定了中国古典诗歌以情景关系为主体的表现特征，为中国美学的独特范畴"意境"的诞生奠定了基础，而且牵引出一条与诗歌创作实践相适应的、围绕着心物、情景立说的诗学之路，从刘勰的"感物吟志，莫非自然"（《文心雕龙·明诗》）到苏轼评王维诗的"味摩诘之诗，诗中有画"（《东坡题跋·书摩诘蓝田烟雨图》），再到谢榛的"情景相融而成诗，此作家之常"（《四溟诗话》）和王夫之的"景中生情，情中含景，故曰，景

者情之景，情者景之情"(《唐诗评选》)，直到
王国维的"一切景语皆情语"(《人间词话》)，
足可见《诗经》比兴艺术对中国古诗创作和美
学追求的深远影响。

中和："乐而不淫，哀而不伤"

在情与景、心与物的相互生发中抒
情达意，让人咀嚼、体会、理解，
已经使诗歌呈现出含蕴醇和之美，
而这种特有的艺术处理，又恰恰适
应着醇厚顿挫的情感表达。

《诗经》的抒情，常常是"未见"与"既
见"、未得与既得、不可与既可、不归与既归乃
至爱与恨、情与理、个人与社会等等交织在一首
诗中，回环往复，一唱三叹。《周南·关雎》表
达对一位"窈窕淑女"的思恋与追求，开始那
"求之不得，寤寐思服。悠哉悠哉，辗转反侧"
的表白，把"未得"时的相思之苦表现得淋漓
尽致，后两章却情境一转，"窈窕淑女，琴瑟友

之"，"窈窕淑女，钟鼓乐之"，又是得到之后的
恩恩爱爱了，不管这是情事真的发生了变化，还
是在想象中获得的满足，都又呈现出温馨、和悦
的色彩，增添了一缕亮色，淡化了那份忧伤，的
确是"乐而不淫，哀而不伤"（孔子语，见《论
语·八佾》）。《周南·汉广》分明是表现"不可"
的怅惘："南有乔木，不可休息；汉有游女，不
可求思；汉之广矣，不可泳思，江之永矣，不
可方思。"第二、三章却又都出现了女子出嫁之
辞："翘翘错薪，言刈其楚。之子于归，言秣其
马。""翘翘错薪，言刈其蒌。之子于归，言秣其
驹。"在这里，这一美好画面显然更富于假设、
梦想的成分，因为后面紧接着又反复咏叹着"汉
之广矣，不可泳思……"，那江汉的无边无际，
正透露出主人公与心上人不可逾越的距离；但这
假设的"之子于归"，毕竟补足了"既可"的成
分，避免了那种一泻千里般绝望的呼号，化成的
是一往情深的歌唱。

《郑风·将仲子》表现一段不被父母四邻理
解和允准的爱情交往，更是一首情理交织的绝
唱，女主人公口口声声劝仲子"无逾我里，无

折我树杞"，拒绝情侣前来幽会，却又情不自禁地表白着"仲可怀也"的渴望之心；在把渴望和思念和盘端给对方的同时，又表示深深顾忌"父母之言""诸兄之言""人之多言"的礼法规范。就这样一波三折，在这情欲与规范的二元格局中，你几乎无法断定她心底深处的天平究竟偏向哪边。

还有那些涉及个体需要与责任义务的诗篇，你看到的也会是兼顾而周到。《豳风·破斧》既唱着"周公东征，四国是皇"，以表现周王朝势不可挡的军威，又唱着"哀我人斯，亦孔之将"，以表白个体生命的无奈；《小雅·出车》既有"王事多难，维其棘矣"的形势紧迫感，"执讯获丑"的自豪感，又有"忧心悄悄，仆夫况瘁"的"哀伤"和"岂不怀归，畏此简书"的矛盾；还有那首脍炙人口的《卫风·伯兮》，丈夫出征时，她为"伯也执殳，为王前驱"而感到骄傲和自豪，话语里不无夸耀和自得，丈夫离去后，她又"自伯之东，首如飞蓬，岂无膏沐，谁适为容"，竟被思苦搞得百无聊赖了。

总之，这种种苦中思乐、苦尽甜来、甜中带

苦，都使单纯、极致而冲动的情绪激流化为复杂、沉郁、绵绵淡淡的感情涟漪，它们不是震耳欲聋的呐喊，而是回环往复、深沉有致的吟唱，联系到它们原本就是可歌可奏的乐章，那么这种情感结构和表达的中和之美，与礼乐文化中的乐的格调，不正好是"里应外合"的么？

整齐、匀称的形式之美　与之相应，这些诗的语言、篇章、声韵也被精心构筑在颇具整齐、和谐之美的形式框架之中。《诗经》以四言为主，语句排列整齐划一；抒情之作多重章复沓，章与章之间字数相等，大小相当，而那些非重章体，也有意追求平衡、匀称，诸如《卫风·氓》六章，每章十句，《豳风·东山》四章，每章十二句，《大雅·大明》六句一章，八句一章，又六句一章，八句一章，共八章，不但对应的诗章诗句相等，而且都偶对平衡；《诗经》用韵形式多样又极有规律，也有着对秩序和规范美的刻意追求，人们在其中的用韵中已能归纳出诸如句句入韵、隔句入韵、诗中顶针换韵、随韵、交韵、抱韵等不同的模式，它们总体都追求一种节奏有序、顿挫和谐、多样统一的声韵格调，特别是其中偶句韵已占压倒优势，诗篇因隔句一韵而显得从容不迫，抑扬有节，疏密有间，吟咏中便能给人以一张一弛的美感效果。

《诗经》这种整齐、规律、和谐的形式追求，在经历了汉乐府杂言体的迂回之后，复又在后来的五言、七言古典格律诗词中得到了回响，中国古诗历来是以格律之美为臻于极致的典型，这与《诗经》语言形式特征对民族审美心理的影响，应该说也是不无关系的。

《诗经》不愧为中国第一部诗集，更不愧为对中国文化影响深远的周代礼乐文化的结晶。它这种种极富东方韵味的审美特征，其"衣被词人"，的确是"非一代也"。如果有人说，不了解《诗经》，就不可能理解整个中国古代的诗歌，甚至不能理解整个中国古代的文学，应该相信，这个说法是不为过的。

〔1〕　孔颖达注《诗谱序》引郑玄语，见《十三经注疏》第262页，中华书局，1980年版。

7

『声一无听』与『和如羹焉』

和谐美理论意识的初步形成

　　先民们从在石头上刻下第一道人为的痕迹，直到"郁郁乎文哉"的西周文明，已经跨越了一个不算短的岁月，其间，随着审美文化的逐步展开，我们看到，先民们已经创造了就人类早期而言称得上极其辉煌的美的作品，也展示出相当丰富的审美活动、意识和趣尚。然而，关于何者为美、美的功能和美的创造等等美学问题的论述，也就是以理论形态呈现的审美文化现象，似乎始终都还没有出现。这当然还要有待于人类理性思维水平的提高。我们知道，就实践和理论而言，实践原本就是先行的，而在人类文化早期，抽象思维、理论形态还需要有个从无到有的产生过程，实践更是要先于理论了。

周代从神治到人治的特有文化机制，从某种程度上提高了人们摆脱神秘感受、冷静思考天地自然和社会人生的素质。随着周代哲学意识的萌生，至西周末年，特别是春秋时代，一些早期思想家在论述自然现象、政治问题、社会问题的同时，也开始涉及美、审美和艺术等理论问题，自此，中国美学终于掀开了它的第一篇章。

审美理论不同于审美现象，它是以认识、阐述的形式直接展开时人美的观念、审美趣尚和审美意识，是一个时代审美文化的集中体现。也正因为此，自从它们诞生后，便成为考察审美文化不可或缺的重要部分，成为人们进入或审视一个时代审美文化的路径和窗口。

具体到周代的审美理论，作为萌芽，它们还远非纯粹的美学形态，时人关于美学问题的论述，也还不是以著作的形式出现，而是被后来写定的史书以追述的方式记载下来的。

"声一无听，物一无文" 据《国语·郑语》载，西周末年幽王之时，新任周王朝司徒之职的郑桓公，已经预感到世事多故，曾与史伯讨论周王朝的命运，他问史伯："周其弊乎？"史伯的回答是周王朝的确到了崩溃的边缘，因为当今周王"弃高明昭显，而好谗慝暗昧"，只好一面之词，听不进不同意见，这也就是"去和而取同"。于是，史伯谈到了"和"与"同"的问题，并涉及美感与和同的关系：

> 夫和实生物，同则不继。以他平他谓之和，故能丰长而物归之。若以同裨同，尽乃弃矣。故先王以土与金木水火杂，以成百物。是以和五味以调口，刚四支以卫体，和六律以聪耳……声一无听，物一无文，味一无果，物一无讲。

在史伯看来，不同的事物配伍相生，这叫"和"，而相同的事物加在一起，这只能叫"同"；天地万物无不是因"和"才生出万千变化，才带来丰硕成果，而单一的"同"不管数量增加多少，最终都只能导致枯竭和死亡。给人带来愉悦享受的美味、乐声、纹饰也是如此，调和酸甜各种味道才会生出美味佳肴，奏出高低、长短不同的声音才会产生美妙的音乐，着上赤黄黑白丰富的色彩才能绘出五彩的图案，相反，只有一种声音难以入耳，只有一种颜色难成纹饰，只有一种味道难成口福，这也就是"声一无听，物一无文，味一无果"。

进入春秋时代之后，又有一次关于味、色、声的论述，只不过这次话题的由头是谈论生理现象。据《左传·昭公元年》载，当时晋侯疾病缠身，求医于秦，医和奉命前来探病，诊断的结果是淫逸过度所致。于是，医和谈到了享乐须有节制的问题，包括饮食、声乐和美色：

先王之乐，所以节百事也，故有五节，迟速本末以相及，中声以降。五降之后，不容弹矣。于是有烦手淫声，慆堙心耳，乃忘平和，君子弗听也。……君子之近

> 琴瑟，以仪节也，非以心也。天有六气，降生五味，发
> 为五色，征为五声。淫生六疾。

与史伯所论颇为近似的是，作为给人以愉悦享受之物，这里同样提到了五味、五色、五声，它们乃是承接天之六气（阴阳风雨晦明）而产生的自然谐和之美；不同的是，医和进而指出了多物相和的效果乃是中和有节，不至于"淫"，那种过急过促之声、过于刺激之色等等，都只能因其有失平和而造成伤害，当然也就不再有美感可言了。

"乐从和"与"和如羹"　　其后至春秋后期，几乎同时，又有单穆公、伶州鸠论"乐从和"及晏子论"和如羹"，也分别见于《国语》和《左传》。

单穆公、伶州鸠论到声乐之美的起因在于周景王要铸一口特大乐钟，先是单穆公表示反对，劳民伤财当然是个理由，还有就是任何事物，一

旦超出极限，就不美了：

> 夫乐不过以听耳，而美不过以观目。若听乐而震，观美而眩，患莫甚焉。夫耳目，心之枢机也，故必听和而视正。听和则聪，视正则明。聪则言听，明则德昭。……夫耳内（纳）和声，而口出美言，以为宪令……成事不贰，乐之至也。口内（纳）味而耳内（纳）声，声味生气。气在口为言，在目为明。言以信名，明以时动……政成生殖，乐之至也。

有意思的是，上述论"美"往往是从论述王事牵引出声色问题，这里从论乐钟开始，又转到论述王事了。单穆公之所以高度重视声乐问题，还有与之同类的观目、纳味，强调必须"听和而视正"，就在于这些耳目口感之悦，连着的是心气德行，心气德行关系的又是"政成生殖"。唯有"政成生殖"，这才是真正的"乐"，真正的美。

遗憾的是，周景公并没有信服单穆公的一番说辞，又转而去问伶官州鸠。身为乐师，州鸠涉及更多音乐专业方面的讲究，提到"琴瑟尚宫，钟尚羽，石尚角，匏竹利制，大不逾宫，细不过羽""乐器重者从细，轻者从大"等器乐

声调的调和问题，但接下来的旨归就与单穆公
完全相同了：

> 夫政象乐，乐从和，和从平。声以和乐，律以平
> 声。金石以动之，丝竹以行之，诗以道之，歌以咏之，
> 匏以宣之，瓦以赞之，革木以节之。物得其常曰乐极
> （中），极之所集曰声，声应相保（安）曰和，细大不逾
> 曰平。……于是乎气无滞阴，亦无散阳。阴阳序次，风
> 雨时至……夫有和平之声，则有蕃殖之财。于是乎道之
> 以中德，咏之以中音，德音不愆，以合神人，神是以
> 宁，民是以听……

在州鸠看来，政事就像音乐，特别需要一种平
和的境界。在音乐中，无论歌声、乐调、旋律、
器乐，都完美地汇合在一起，相互应和，这便
是"和"（声应相保），声音大小适中，这便是
"平"，唯有这样的音乐才阴阳和谐，感天动地，
风调雨顺，国富民安。如此渲染平和之乐的神奇
作用，当然有当时当地劝谏的特定目的在里面。
事见《国语·周语下》。

　　晏子提到"和如羹"，进而论到"声亦如味"
的音乐美问题，则纯属即兴式的借题发挥。当时

齐侯从台上望着骑马而至的大臣梁丘据，对晏子叹道："唯据与我和夫！"意思是只有梁丘据对自己百依百顺，相应相和。晏子马上回复道："据亦同也，安得为和？"就像史伯的"和""同"之辨，晏子也认为一味顺从只能算"同"，而不能称"和"，所以当齐侯接着问他"和与同异乎"时，他斩钉截铁地答了一个"异"，由此论到了什么是"和"。就基本思路而言，晏子所论与史伯和同之说没有出入，但对"和"的解说更为具体，尤其是论到声乐之和，增加了二元相和的一系列范畴：

> 和如羹焉，水、火、醯、醢、盐、梅，以烹鱼肉，燀之以薪，宰夫和之，齐之以味，济其不及，以泄其过。君子食之，以平其心。……声亦如味，一气，二体，三类，四物，五声，六律，七音，八风，九歌，以相成也；清浊、小大、短长、疾徐、哀乐、刚柔、迟速、高下、出入、周疏，以相济也。君子听之，以平其心。心平德和。故《诗》曰："德音不瑕。"今据不然。君所谓可，据亦曰可，君所谓否，据亦曰否。若以水济水，谁能食之？若琴瑟之专一，谁能听之？同之不可也如是。

所谓"宰夫和之",就是要把这各种酸、咸、香味加以调和,所谓"济其不及,以洩其过",则是淡便加盐,咸便添水,总之要达到口味适中的程度,看来周人的饮食学问还真不少。音乐更是如此,待气以动,舞有文、武二体,乐器杂用四方之物,声有宫商角徵羽五声,乐器之音有黄钟、大蔟、姑洗、蕤宾、夷则、无射六律,音阶有七,声效八风,歌唱九德,可谓丰富多彩,具体演奏歌唱起来,又清浊相间,小大相接,有张有弛,刚柔兼济。这才是音乐至高的境界,如此才令人心平气和,"德音不瑕"。事见《左传·昭公二十年》。

"无害"为"美"

《国语·楚语上》还载有伍举论美的一个片段,议论是由楚灵王所建的章华之台引起的,与上述多论声、色、味有所不同,但却第一次正面涉及"美"的定义:

> 灵王为章华之台，与伍举升焉，曰："台美矣！"对曰："臣闻国君服宠以为美，安民以为乐，听德以为聪，致远以为明。不闻其以土木之崇高、彤镂为美……""夫美也者，上下、内外、小大、远近皆无害焉，故曰美。"

楚灵王耗资巨大，建豪华楼台，登临观赏，连连称"美"，其自得的神态可想而知；贤臣伍举忧虑的是如此劳民伤财，祸将及也，自然不能随声附和，因此，他对"美"作了新的诠释。所谓"服宠以为美"，按照周人天命观的说法，也就是应恭敬从事，因而能特别得到上天的惠顾和宠爱，政和民安，皆大满足，这才是最大的"美"。下面所谓"上下、内外、小大、远近皆无害焉"，正是对这种风调雨顺、政和民安之美的最好注脚。

中国美学基本命题的滥觞　上述这些关于"美"的论述，时间不同，人物各异，话题不一，却呈现出特定时期、独特文化所造就的许多共同的东西。

　　首先，除极个别之处还稍微带有一点远古巫音"神人以和"的回声外，这些论述已基本摆脱了巫术文化的影子，与造出"羊人为美"的"美"字的殷商时代不同，这时的"美"已不再是因为与神秘意味的联系，因为带给人想象性的满足而成其为美，美就蕴含在自然万物与人的生理、心理相应相感相适的多样统一之中。当然，美学还远远没有自觉、独立，时人无论提到"美"字还是未提到"美"字，都还没有把美、美感和艺术从整个自然、社会的现象中专门提取出来，史伯、晏子论政治之去"同"求"和"，却以声、色、味之和为证，单穆公、伶州鸠论乐钟规模适中的问题，又推而及于繁殖生财、政和民安，伍举更是以万事"无害"为美，都体现出这种天人合一、整体思维的特征。

　　不过，值得特别注意的是，除伍举的"无害"之"美"之外，他们几乎都论到了味、声、色，也就是当时审美文化的主要部分饮食、音乐和纹饰，而且大多相提并论，抓住了它们适口、盈耳、悦目这些能给人以审美愉悦和心理满足的共同特征，正是从这个意义上，尽管他们不是在专门谈论美学问题，尽管他们不一定使用"美"字，我们还是把这些论述视为美学理论的雏形。

其中，美味能够成为时人心目中与声、色之美并称的涵项，成为美感的重要部分，这与先民们很早就开始讲究的饮食文化、殷商时代的酒文化不无关系，与周人的味文化更直接相关。周人以农业兴国，以"尚臭"（读"嗅"）著称，《诗经·大雅·生民》述先周之人祭祀上帝，已经是"载谋载惟（想办法），取萧祭脂，取羝以軷，载燔载烈"，"卬盛于豆，于豆于登，其香始升，上帝居歆，胡臭亶时"，即取来香蒿铺在下面，洒上牛肠油脂，再把剥掉皮的公羊放在上面，然后或投在火里烧，或放在架上烤，又有美味的肉汤盛在钵中，于是香气扑鼻，上帝美美赞叹，味道真是好极了！周代日常饮食也已至为讲究，从《礼记·内则》的规定中可知，周人不但饭、膳、羹、汤、酒、果、饮料种类繁多，比如诸侯款待行小聘礼的使者，饭膳品类就达 20 豆（食器），而且调味名堂极多，比如烹鸡要加肉酱、蓼等，烹鱼加鱼子酱、蓼菜，干肉要加蚁卵酱，肉羹加兔酱，麋肉加鱼酱，鱼脍加芥子酱；再比如调味还要看四季的气候，春季多用酸味，夏季多用苦味，秋季多用辣味，冬季多用咸味；另外切细的肉类调和配料也有说法，豚，春用韭，秋用蓼，膏用薤。牛羊豕三牲用茱萸和醋调味，其他兽类用梅浆调味。鹑羹、鸡羹同蓼菜一起煮，鲂、鲔要蒸，雏鸟和雉要烧，用一种香菜作调料……很显然，饮食在这里早已不单是解决果腹之需，而成为品味享受的美事之一。或许正是以此为契机，当源于巫舞的"羊人为美"渐渐失去其文化凭依时，"羊大为美"的观念便因这一"味文化"的背景应运而生。毕竟羊大而肥，而香，确是一种甘美的享受。周人这一讲究味美的文化，对中国审美文化的影响是深远的，中国文学艺术讲品味，意味，韵味，滋味，推其源，应该都是这一"特产"的余味缭绕吧。

其次，更为重要的是，这所有关于美的论述，都集中在了一个"和"字上，以"和"为美成为中国美学起始阶段便牢不可破的普遍信念。具体而言，所谓"和"，已经包含有"寓多于一"和"平衡适中"两重含义。所谓"声一无

听""物一无文"，强调去"同"求"和"，多称
"五味""五声""五色"，都在于强调美的多样统
一性，单调只会乏味，多彩方成美文，这也就是
调和之为美。同时，调和不等于随意地杂和、拼
凑，还须按照一定的秩序、比例、分量，达到彼
此平衡，所谓"以他平他"，"细大不逾"，所谓
"济其不及，以洩其过"，就都有追求平和、避
免过度突兀刺激的意思在里面；至于州鸠的所
谓"阴阳序次""道之以中德，咏之以中音"，晏
子的所谓"清浊、小大、短长、疾徐、哀乐、刚
柔、迟速、高下、出入、周疏，以相济也"，更
是在各种两极对应中追求一种适中合度的中和之
美。其实，就连伍举那"上下、内外、小大、远
近皆无害焉"的"无害"之"美"，又何尝不是
用两两相对的范畴来表示，又以两者兼顾的"皆
无害"为目标的呢？

　　"多"用"五"，"中"执"两"，这又无疑与
当时已经开始流行的"五行"说和"阴阳"说直
接相关。关于周人的两极对应观念，我们在《周
易》的奇偶（"━""━ ━"）两个基本爻象以及乾
与坤、泰与否、损与益等卦象中已经有过充分的

感受，当时虽还没有用"阴阳"两个哲学概念做
出统一而抽象的界定，但它们都以两两相对的形
式出现，也就为阴阳学理的诞生打下了基础。而
当西周末年伯阳甫用"阴阳"二气的均衡与失调
解释"西周三川皆震"的自然现象时，则意味着
阴阳学说的初步形成。至于"五行"，即先民所
感知的组成宇宙万物的五种基本物质，其原始形
态更在阴阳观念之前。《尚书·周书·洪范》中
的所谓"洪范九畴"，相传为殷商旧臣箕子回答
周武王时所提出的九条治国大法，其中第一条就
是"五行"：

> 五行：一曰水，二曰火，三曰木，四曰金，五曰
> 土。水曰润下，火曰炎上，木曰曲直，金曰从革，土爰
> 稼穑。润下作咸，炎上作苦，曲直作酸，从革作辛，稼
> 穑作甘。

《洪范》成文不必就在周初，可能经过后人
的追述和修饰，但基本事实应该没有太大出入。
"五行"作为先民对日常习见的物质朴素观察和
简单总结的产物，出现在人类最初尝试用理性认
识、归纳事物的时期，是可信的。这种"发现"

必是曾令先民们兴奋不已，从此他们便把一切多样而又相互关联的事物与"五"和"五行"相勾连，史伯提到"五味"之前，称"先王以土与金木水火杂，以成百物"，正是以"五行"为依据的直接证明。

再次，上述这些关于"五味""五色""五声"之"和"以及"疾徐""高下"等等之"中"的论述，实际上还都涉及美感和艺术的特殊功能等问题。毋庸置疑，这些论者都十分强调美感与艺术对于社会政治的影响，但与诰命之文的直接说教显然不同，这些美食、音乐、纹饰等审美艺术都是靠着平和、适中的味觉、听觉、视觉等感性形式对人心理、情感潜移默化的感染，作用于人的性情、精神，进而感天动地、达到政和民安的境界的。单穆公所谓"听和则聪，视正则明。聪则言听，明则德昭"正为这种过程排出了一个序列；晏子反复称道调和之味，"君子食之，以平其心"，适中之声，"君子听之，以平其心"，更对中和之美与君子人格的关系做了经典概括，这应该是周代礼乐文化最强的回声。

最后，还须看到，其时关于"美"的定义还不够统一，单穆公所称"美以观目"的"美"与伍举所称"不以土木之崇高、彤镂为美"而以"皆无害"为美的"美"，显然是不同的。前者的"美"字更指可以感知的形式之美，后者的"美"则几乎等同于"善"了。其实，就审美目的而论，这时的论者一再强调和谐之美，主张控制有节，反对享乐过度，落脚点都是在"善"字上的。以善为美，也是其中的重要命题。

说起来，中和之美和美善关系正是中国美学始终关注的两大命题，它们在这美学理念的滥觞阶段便都提了出来。或者更应该说，正因为它们是这起始阶段的主要命题，才决定了中国美学未来的取向。当然，这还需要经过一个理论梳理、整合、深化的系统化阶段，这些尚不系统但却十分重要的思想才会发出它们的光和热。其后，当历史巨变带来理性精神、当学术解放带来百家勃兴的时候，这个阶段也就随之到来了。

战国激情的个性展开

"**战**国"因诸侯的竞争、兼并而得名。这是一个经历了春秋后期的礼崩乐坏而失去统一话语的时代，因而也是一个解除了束缚、富于进取和创造激情的时代。

周代礼乐文化，乃是周人在他们所建立的宗法社会中创造出的文明奇迹，在一定的历史阶段，它也的确起到了加强宗法制度、稳定生产关系、促进生产力发展和文明进步的有效作用；然而，无论它当初的设计多么周到、完整，终究经不住社会关系变动、私有制发展对宗法传统的冲击和自身矛盾运动对该体系的瓦解。就像当年它的形成有周人文化传统和经济基础的必然取向，几百年后，它的崩坏同样有着不可逆转的动力和趋势。

这个过程在西周春秋之交就已经露出端倪，周幽王自毁礼法，昏庸灭国，平王在晋文侯、郑武公护奉下东迁洛阳，堕入诸侯庇护之下的周天子便再难拾起当年的一尊。而周礼的真正没落和它不可挽回的命运更来自春秋时代生产力发展所导致的经济基础、社会关系的剧烈变动。其中铁制工具的使用，是这个时代生产力水平最明显的标志。《国语·齐语》载管仲之语称"美金以铸剑戟，试诸狗马，恶金以铸锄、夷、斤、劚，试诸壤土"，知其时农具、木工工具已采用铁制；春秋中叶齐灵公时的《叔夷钟》铭文中有"造铁徒四千"的记载，更可见已有大批采铁冶炼的官徒。铁制工具的使用促进了牛耕和垦荒拓土，兴修水利，产量随之大量增殖，为相应增加赋税收入，各诸侯国自行取消井田制中的公田私田之分，改用"履亩而税"，即按公社农民实际耕种面积丈量征税，这就为实际拥有土地民人的贵族的聚财大开了方便之门。财富的增加，川林山泽的价值，刺激了利欲乃至权欲的膨胀，打着"保王"和"尊王攘夷"旗号的征伐之战，实际上是诸侯之间扩大势力、扩疆辟土的争霸之战，周礼等级规定在这里已渐渐失去约束力，诸侯国竞争的是军力、气力和财力，战争历史写下的是"胜者英雄败者贼"。

与此同时，周王朝和各诸侯国内部也在此起彼伏地发生着"君不君、臣不臣、父不父、子不子"的僭越和忤逆，弑君者有之，废嫡立庶、废长立幼者有之，父子、叔侄、兄弟相残者有之，大夫、家臣专权用事者有之，晋有"六卿皆大"，郑有"七穆"当国。

春秋中后期以来愈演愈烈的这些动荡、混乱，诸侯国的兼并盈缩，新旧势力的此长彼消，等级阶层的变动分化，呼唤着一个新的时代的到来。进入战国的历史车轮，突然加快了它破旧立新的速度和力度。周天子的一统地位已经名存实亡，各诸侯国内部的权力之争已见分晓，一个又一个新兴封建集团取代旧贵族势力的事件相继发生，先是鲁在"三分公室""四分公室"后，"鲁如小侯，卑于三桓之家"（《史记·鲁周公世家》）；继而晋六卿较量一番后存韩赵魏三家，于公元前453年三分晋地，晋君"反朝韩赵魏之君"（《史记·晋世家》）；大约同时，齐大夫田氏通过争取平民取得实权，于公元前481年逐齐简公于海上，"专齐之政"，稍后被认可为诸侯，从此"田氏卒有齐国"（《史记·齐太公世家》）；而秦国政权的更替则又是由出奔在魏的公子连于公元前385年"因群臣与民"（《吕氏春秋·不苟论》）返国夺取政权实现的……取得政权的新兴势力在国内纷纷实行变法图强，诸如魏国有魏文侯任用李悝实行变法，赵国有相国公仲连的政治改革，楚国有吴起变法，韩国有申不害的改革，齐国有邹忌的纳谏，秦国有商鞅的大刀阔斧……变法、改革，使这些国家的国力迅速增强，经过争城夺地"杀人盈城""盈野"的厮杀，终至形成了齐、楚、燕、韩、赵、魏、秦七强争雄的战国格局。

固有礼法的被打破，各个阶层势力的较量，列国间新的组合和竞争，搅乱了人们宁静、平和的心绪和生活，也带来了新的机遇、欲望和希望。因此，这又是一个激情迸发的时代，一个富于创造力和个性发挥的时代。周礼使人生而安于固定的位置和职守，有着循规蹈矩的举止和生活，不必为未卜的命运而焦虑，也无须有个人的思想和创造。而春秋战国之际，贵族或降为平民，平民或冀升高位，原本固定的人际关系和地位已经发生松动；列国的纷争和改制，又迫切需要选贤授能，所谓"布衣卿相""礼贤下士"，就都是战国的特有现象。于是，就像列国都有可能称雄，都在争取称雄，每个人不论出身、无论等级，也都有了凭能力和素质出人头地、建功立业的必要和希望。于是，进取之心受到刺激，人的创造力受到激发，各诸侯国的各项事业也都在较劲，这便使战国时代的审美文化呈现出盛况空前的多姿多彩的景观。

战国首先是一个理性精神空前张扬的时代，是一个独立思考、创造体系的时代，此时已经发展为相对独立的社会力量的"士"，更准确地说是文士，担当了它的"主角"和"弄潮儿"。这些文士正是在春秋战国之际呼唤思世治世人材的历史机遇中应运而生的一批靠知识立足的个人奋发者。起源于春秋后期、兴盛于战国时代的研习治世、讲学授徒之风，既是因礼法打破之后新的社会人生思考而发生，也因个人进取的需要而发展，更为人们研读典籍、通晓历史、体察当世、揣摩治国之术，从而增加知识储备和能力，提供了机会和条件。当时希望进身仕途、有为社会者，几乎无不始于投奔师门，吴起之"尝学于曾子"（《史记·孙子吴起列传》），张仪、苏秦之曾"俱事鬼谷先生"（《史记·张仪列传》），韩非、李斯之曾"俱事荀卿"(《史记·老子韩非列传》)等等即是。治学的先生和学者被尊称为"子"或"夫子",不但受到时人和当政者的普遍推崇和尊重,而且因师从者的众多而显得声势威望极高,孟子"后车数十乘,从者数百人,以传食于诸侯"(《孟子·滕文公下》),其规模相当可观;就连"为神农之言"、强调自食其力的许行,迁往小国滕国,竟也有"徒数十人"(《孟子·滕文公上》),足见名士学子几乎无不开门授徒了。至于齐国在临淄稷下设置学宫,招徕学者,至千人,著名学者如淳于髡、田骈、接子、环渊、慎到、邹奭等七十余人,称为"稷下先生","皆命曰列大夫,为开第康庄之衢,高门大屋,尊宠之"(《史记·孟子荀卿列传》),也是战国学术空气之一斑。士的壮大,研学之风的炽盛,带来的是学术思想的空前繁荣和活跃。私学师门之多、师承来源之异、个人趣尚之别,自然形成了家门学派的不同;当旧的一统观念被打破、新的秩序尚在探索的历史转折之时,各个学派又无不"各引一端,崇其所善"(《汉书·艺文志》),纷纷提出自己的救世治世之方;为了宣传自己的主张，扩大本学派的影响，还不可避免地要相互辩难，攻乎异己，用孟子的话说，正是"予岂好辩哉，予不得已也"（《孟子·滕文公下》），战国时代著名的文化现象"百家争鸣"就这样放出了异彩。儒、墨、道、名、法、阴阳、农、纵横、杂、小说等诸子学派，儒家的孔、孟、荀，道家的老、庄、列，法家的申、慎、韩，还有墨家的墨子，名家的邓析子、尹文子、公孙龙子和惠子，纵横家的苏子和张子等等，可谓流派纷呈，思想家荟萃，共同营造出春秋战国之际学术的辉煌。萌生于西周春秋之际的审美理论意识，就是在这种理论思辨的学术氛围中形成不同的体系，并在学术对立、互补、相互渗透中得以深化和发展的。

战国又是一个散文大发展的时代。研习历史，百家争鸣，带来了文籍著述的空前丰收和散文艺术的全面成熟。历史散文前有据左丘明述史润色而成的《左传》《国语》，后有为研讨扭转危局之术和说服人主技艺而收集和拟作的历史故事汇编《战国策》，叙事艺术达到了一个崭新的层次。至于诸子散文，自孔子弟子及再传弟子辑先生言论行事以成《论语》，使孔子思想得以传之久远，其后各家诸子均大兴著书立说之风，孟子即仿《论语》行事，在游说诸侯"所如者不合"的情况下，"退而与万章之徒序《诗》《书》，述仲尼之意，作《孟子》七篇"（《史记·孟子荀卿列传》），韩非则在"数以书谏韩王，韩王不能用"的情况下，"作《孤愤》《五蠹》、内外《储》《说林》《说难》十余万言"，"人或传其书至秦"，以至于秦王见之恨不能与之同游（《史记·老子韩非列传》）。于是诸子之书遍天下。经秦火后由汉人所收集、著录于《汉书·艺文志》者，尚有百种以上，见于《诸子集成》的著名著作就有《论语》《老子》《墨子》《孟子》《荀子》《庄子》《列子》《管子》《商君书》《慎子》《韩非子》《孙子》《尹文子》《吴子》《吕氏春秋》等等。作为藉著述以阐明学说、扩大影响的自觉行为，这些散文有意加强文字的润色和说理技巧，也就大大提高了文字的表达水平；更值得注意的是，由于各家不同的特点、趣尚，这些散文大多凸显个性风采，从而创造了战国文学丰富多姿的盛大景观。

　　战国还是一个因脱离了礼乐功能，声色塑雕由追求审美玩赏而更趋艺术化的时代。春秋后期的礼崩乐坏，已经使配合礼乐的雅乐乏力乃至废弛，战国时代率真任性、激楚人心的新乐更带着不可抗拒的魅力"粉墨"登场，这里既没有不同乐舞礼制等级的意味，也没有平和尚德的内容要求，讲究的只是"余音缭绕，三日不绝"的美妙旋律，激荡人心的浩歌曼舞，歌舞美女的皓齿细腰，用声音、舞姿、容貌等感性形式动人心扉。至于雕塑绘画、工艺美术，更加日用化、生活化、情趣化，做工精细，装饰华美，线条飞动，各具特色，在造型艺术的殿堂里用耀眼刺激的色彩，动荡活泼的风格，同样释放着战国的激情。

　　此外，各地域文化的多头并进，孕育出不同趣尚和格调的审美艺术，这也是列国纷争的战国时代审美文化的独特现象，奇异奔放的楚辞艺术，就是南方楚地特有文化土壤生出的硕果。这是又一批充分抒发感情的诗歌作品，但与现世、平实、中和、素朴的《诗经》不同，楚辞以其大量熔铸神话的幻想境界和富于精神张力的壮美感、以其弥漫着巫风的艺术氛围和绚丽的辞采，在文学史和审美文化史上放出了异彩。

这就是战国。既是一个崇尚理性思辨的时代，又是一个讲求感性享乐的时代，还是一个充分抒发情怀的时代。其实，它们彼此并不矛盾，放开自己，就是它们共同的特点。

"战国"，是一个历史时代的概念，在此也是一种文化的标志，这种文化其实是从春秋后期就开始了的。

1

『道术将为天下裂』

儒道法墨审美理念的分化和对立

    《庄子》最后一篇叫做《天下》，称得上是最早研究总结春秋战国时代各学术流派的文章之一，该文开篇在回顾了周代"《诗》以道志，《书》以道事，《礼》以道行，《乐》以道和，《易》以道阴阳，《春秋》以道名分"的学术一统之后，笔锋一转，言"天下大乱"，道德从此不再统一，学者们多各有一见，各执己端，就像是耳朵、眼睛、鼻子、嘴巴，各有自己的用场，又像是百工技艺，各有自己的用途，但谁也不能包容全体，这也就是"道术将为天下裂"，道术因天下的分崩离析也被弄得分道扬镳了。

"道术将为天下裂"，这的确是对春秋战国时代诸子百家学术争鸣的一个写照。而这种"裂"，其实不是别的，恰恰是诸子们主动、自觉地探讨社会人生、独立创造思想体系的一个表现，是他们高涨的理性精神充分发挥的一个结果。面临着春秋战国之际社会结构的急遽变动，新的问题层出不穷，固有礼法已经失去了"权力话语"，每个有志于重新设计社会人生秩序的学士们都跃跃欲试，纷纷提出自己的方案。每个人经历不同，感受不同，趣尚不同，学术来源不同，立场不同，在他们不再有正统约束、可以"随心所欲"阐发学理的情况下，"裂"是必然的；有"裂"就有冲突，有对立，有辩难，有反驳，有攻乎异己，有强调己意，这样，"裂"又必然是要加剧的。"裂"的结果是"完整""全面"的打破，是片面、极端的强调，用荀子的话来说就是各有所"蔽"（《荀子·解蔽》），却也是各方面学理在各自不同角度中的深化，分别形成不同的理论体系，经过这个分裂、碰撞、对立、互补、深化的过程，待它们再被统一到一起的时候，学理就该上到了一个新的"台阶"。

在中国古代这第一个理性高扬的黄金时代，诸子们还没有把自己封为"政治家""哲学家""历史学家""美学家"等专业的学术头衔，其实，在整个古代都很难特别区分出各种"家"来，他们的学术探讨涉及人生各种问题，当然也包括美学理论和艺术观念，其中，儒、道、墨、法四家审美理念的分化与对立可谓战国时代审美文化理论形态的最强音。

孔、孟、荀、《乐记》：情理中和的儒家美学

发轫于春秋末年、以孔子为开山鼻祖的儒家学派，是以"克己复礼"的呼吁和孜孜追求，步入学术领域的。对曾经"独领风骚"的周代礼乐文化进行全面的理论总结，便成为这个学派的中心话题。其实，完全恢复西周之制的可能性早已不复存在，但礼乐文化作为一种精神，一种传统，一种积淀，却在儒家这里得以提炼，得以光大，并以此为媒介，成为影响整个中国文化和审美意识的重要部分。

生活在春秋末年、在周公封国鲁国成长起来的孔子，见《**圣迹图**》(011)，本是殷贵族后裔，但对周礼情有独钟，正所谓"郁郁乎文哉，吾从周"(《论语·八佾》)！这种认识和情感，使已经降为布衣的他，在礼崩乐坏的世道里，自觉担当起拯救乱世、恢复周礼的使命，创办私学，传授礼乐知识；在鲁国推行"强公室，抑私室"的政治失败之后，又周游列国，冀有为天下；屡屡失意后，"自卫返鲁"，则整理古典文献，阐述和发挥礼乐精神。儒家学派由此而生。孔子有关社会人生的丰富思想，大多保存在成书于战国前期、由他的弟子及再传弟子辑录而成的《论语》中，其中所涉及的美学和审美问题，已经在总结周代礼乐文化的基础上，形成了自己独特的体系。

从大的方面讲，孔子所追求、所希望建立的

011 圣迹图（明代人绘，山东曲阜孔府藏）

理想人生，就是一种审美的境，而这种境界又是同他对固有礼乐所作的阐释分不开的。

首先，孔子以基于人性和人际关系的"仁"来释"礼"，来充实"礼"，从而把礼建立在个体情感认同和人性内在欲求的基础上。说起来，"仁"乃是孔子整个理论学说的根本，"仁者爱人"是孔子对"仁"的基本界定，而这个"爱"的确切含义又是那种源自血缘亲情的爱，正所谓

191

"孝悌也者，其为仁之本与"（《论语·学而》）。由父慈子孝兄友弟恭这些天然的亲属感情推而及于君惠臣忠，由家庭关系的亲疏远近推而及于君臣上下的等级关系，这种基于"仁"的"礼"就不再是自外作，而是由衷发，是心悦诚服、自然而然的了。

所以其次，孔子更把"乐"的境界，实际上也就是与礼天然契合、"知之者不如好之者，好之者不如乐之者"（《论语·雍也》）的境界，作为最高层次，这就是"兴于诗，立于礼，成于乐"（《论语·泰伯》）。

"兴于诗"说的是要达到理想境界须由歌诗始。歌诗本身就是一种审美活动，礼的精神不是通过训诂而是通过情感传达、陶冶情操获得的。具体而言，关于诗，孔子有著名的"兴观群怨"说：

> 诗可以兴，可以观，可以群，可以怨，迩之事父，远之事君，多识于鸟兽草木之名。（《论语·阳货》）

这里涉及诗歌功能的许多方面，包括感发心性、感知风俗、协调群体、抒发感情、培养伦理情感以至增加知识等等，这应该是到孔子为止对于诗歌艺术作用最全面的概括了。其中"兴"的含义与"赋比兴"之"兴"有联系，又有区别。"赋比兴"之"兴"指作者引譬连类，借物兴怀，这里的"兴"则是指读者通过具体诗意譬喻的感发，连类无穷，达到对更为普遍深广的社会人生意义的领悟。孔子从"巧笑倩兮，美目盼兮，素以为绚兮"三句诗的最后一句引申出"绘事后素"，即先打白底子，然后再作画，弟子子夏又从中悟出了"礼后"，即仁为本，礼为显，这种引申和发挥就是孔子所要的"诗可以兴"的最佳效果（见《论语·八佾》）。"观"也是从读者的角度立说的，即所谓"观风俗之盛衰"[1]，从诗中感知时人的精神心理状态，进而发现政治的得失兴败。其实，这也涉及对诗基本性质的把握，即诗是人们精神心理状态的表现。"群"涉及的是社会群体人与人之间的交往、交流和协调，应该既指作者通过诗抒情达意，又指大家通过歌诗、赋诗以联络感情，达到群体的和谐。"怨"也是抒情，只不过是抒发、宣泄不快的情感，对违反仁道、对不良政治都可通过诗表现"怨"，遭遇不幸、挫折和打击也可以表现"哀"，当然还须把握好"度"。适当的哀怨和批评对于平和人的心性、对于完善政治和道德是必需的，也是有益的。"事父""事君"强调的则是诗歌的伦理教化作用，较前面几项论诗歌作用更加具体、清晰，也相对狭隘了许多，却最直接地点出了诗与礼的关系，是何以要"兴于诗"的最明白的表述。

"立于礼"，指无论国家还是个人都须以"礼"来规范。这应该是与审美相对疏离的一个层面。然而，这个礼既然是已经建立在"兴于诗"的基础上，在孔子心目中就应该是少了些受禁锢、不自由的感觉，增添了些情感认同的成分；何况"礼"除了道德伦理精神的内容，还有大量进退揖让、穿着陈设、仪式礼节等程式化的"演示"，与一般的政治法规毕竟有所区别。

"成于乐"才是最高的境界，正好也是审美的境界。"乐"在先秦时代有极宽泛的含义，既可以指一般的器乐曲调，又可以指歌乐舞等综合性的艺术活动，还特指配合礼的歌舞音乐，进而还指由音乐艺术而生的快乐之情。孔子这里的"乐"应该更多的是指后两项，并且通过它们以期达到心性向礼的自由境界。乐与礼配合，本来就更在于情感方面潜移默化的熏陶，更重和乐氛围的创造，它们常常不是靠具体明晰的观念内容，而是靠节奏曲调的平和适中对人的心性发生作用的。"成于乐"就意味着礼的精神已经化为血液和生命，成为人们快乐的感受。

与此相关，孔子强调"乐"的中和之美，比如他很欣赏《关雎》之乐，称"师挚之始，《关雎》之乱，洋洋乎盈耳哉！"（《论语·泰伯》）而《关雎》之乐的特点正在于温柔敦厚，用孔子自己的话来说就是"《关雎》乐而不淫，哀而不伤"（《论语·八佾》）。孔子推崇《诗经》的名言是"诗三百，一言以蔽之，曰'思无邪'"（《论语·为政》），"无邪"即是不偏不倚，中道而行。

此外，孔子还第一次正面谈到了美与善的关系，而这也是在论"乐"时出现的：

> 子谓《韶》尽美矣，又尽善也。谓《武》尽美矣，
> 未尽善也。（《论语·八佾》）

《韶》《武》乃周代宫廷上演的六代乐舞中的两

出，前者为大舜之乐，后者则是表现武王伐纣灭殷商的祭祀之乐，已如前述。从这段引文中不难看出，孔子对它们均极为欣赏，都称"尽美"；相对而言，又更对前者推崇备至，独称"尽善"，大概因为前者表现尧舜圣德，完善之极，后者表现以武力征伐取天下，终有遗憾。其实，究竟该如何评价这两部作品还在其次，这里重要的是显示了孔子对于美、善的看法。首先，美和善在孔子这里已被明确区分为两个范畴，"尽美"不一定"尽善"，美不等于善，善也不能取代美。从孔子对二乐的区分中不难发现，"善"指道德内容，那么"美"就该是指能给人以审美愉快和享受的感性形式了。据《论语》记载，孔子曾在齐闻《韶》，到了"三月不知肉味"的地步，感叹"不图为乐之至于斯也"（《论语·述而》）。把《韶》与肉味相提并论，无疑是指《韶》带给人的审美享受；这种诉诸心灵和精神的审美愉悦竟然压倒了美味，更可见其"尽美"所具有的无穷魅力。孔子对于美的欣赏和感受，在美与善不发生根本冲突的前提下（《武》只是未"尽善"），对美的独立价值的承认，应该说是审美艺术发展的反映。其次，孔子追求的理想境界是既"尽美"，又"尽善"，美善达到最完美的统一。这种统一不是美排斥善，也不是善取代美，而是两者都臻于极致，这既表现出作为思想家的孔子，对艺术社会意义和价值的重视和强调（他还说过"人而不仁，如乐何"，认为乐只有体现"仁"才有意义），也表现出他本人身为一位能歌善奏的艺术家，对于美的爱好和在意。

孔子关于"文质"关系的论述，同样表现出这种二者兼顾、不可偏废的境界追求：

> 子曰："质胜文则野，文胜质则史。文质彬彬，然后君子。"（《论语·雍也》）

这里本来是在谈论做君子的标准和修养，但同时也涉及审美的形式和内容。"文"在先秦的含义也极宽泛而复杂，有文采、文章（文饰）、文明、文典、礼乐等多重意思。但不论哪一种，都明显包含有感性形式美的意味在里面。用后来司马光的话来说就是，"古之所谓文者，乃诗书礼乐之文，升降进退之容，弦歌雅颂之声"（《答孔文仲司户书》,《温国文正司马公文集》卷六十）。

和这种"文"相对的"质"，在人则应该是内在固有的品质，在审美艺术则应该是指要表达的社会伦理内容，孔子所谓"君子义以为质，礼以行之，孙以出之，信以成之"（《论语·卫灵公》），已经对此做了说明。在孔子看来，一个人要达到完美的境界，"文"和"质"必须相辅相成，只有"质"或"质"压倒"文"，缺乏包括审美在内的文化修养，就会显得过于粗野；只有"文"或"文"胜于"质"，过于讲求修饰，缺乏内在的质地和实在的内容，就又会给人以虚华的感觉。理想的程度当然是"文质彬彬"，善的内容通过美的形式加以显现。

可见，无论是整个人生所期望的"成于乐"的境界，还是美与善的统一，文与质的相应等等，孔子美学确乎已经把周代礼乐的中和之美提升为系统的和谐美理论了。

此后，战国时代儒家两位重要的代表人物孟子和荀子，都是在孔子美学基础上发展深化，提出自己的美学观点的，只不过基于二者在哲学问题上的明显分歧，他们对孔子美学的发展，也各有偏重，烙上了自己的鲜明印迹。

孟子极大地发展了孔子"好之""乐之"的审美境界，强调了儒家道德自觉的人格风范，从而建立了以高扬人格美为其特色的美学理论体系。

生活在战国中期的孟子，就是因为"好之"而追随孔子学说、极大地发展了儒家学派的。他自己就说，"乃所愿，则学孔子也"（《孟子·公孙丑上》），惜晚孔子一百多年，"未得为孔子徒也"，也未得为孔子弟子之徒，只得"私淑诸人也"（《孟子·离娄下》）。《史记》本传称他曾"受业子思之门人"，从《荀子·非十二子》把子思、孟轲列为一派看，此说或许可信。以孔子为榜样，孟子学成而为知名学者后，也曾率弟子门徒周游列国，推行仁义治国、王道治世的政治主张，所到之国无不优厚有加，但对其主张却多不能用，"以为迂远而阔于事情"，晚年"退而与万章之徒序《诗》《书》，述仲尼之意，作《孟子》七篇"（《史记·孟子荀卿列传》），他的学说就全部保留在这部著作中。

在战国纷争、汲汲于功利的年代里，已经没有任何建立礼乐之制的客观条件，推行"仁政"

就只能从对个体主观善性的挖掘中做文章了。所以孟子强调道德自觉，期望人们就像喜欢美味、美色、美声那样"好理""悦义"：

> 口之于味也，有同耆（嗜）焉；耳之于声也，有同听焉；目之于色也，有同美焉。至于心，独无所同然乎？心之所同然者何也？谓理也，义也。圣人先得我心之所同然耳。故理义之悦我心，犹刍豢之悦我口。（《孟子·告子上》）

好一个"理义之悦我心，犹刍豢之悦我口"，孟子在这里"响当当"地把理义与味、声、色相提并论，认为理义同样可以给人带来犹如感官所得到的审美享受一样的愉悦，这就等于说连孔子都感到十分难得的"好德如好色"，在自信"人本性善"的孟子这里，却是理应必然的事情。和孔子一样，他也常常提到"乐"，所"乐"正都是"理义"之乐：

> 君子有三乐，而王天下不与存焉。父母俱存，兄弟无故，一乐也；仰不愧于天，俯不怍于人，二乐也；得天下英才而教育之，三乐也。（《孟子·尽心上》）

> 仁之实，事亲是也；义之实，从兄是也；……乐之
> 实，乐斯二者，乐则生矣；乐生则恶可已也，恶可已，
> 则不知足之蹈之手之舞之。(《孟子·离娄上》)

这里孟子所谓君子的"三乐"，涉及孝悌之心、举止行为、道德教化，本无一不属于社会内容和精神的层面，尤其是其中的第二乐，上不愧于天，下不怍于人，更是一种由个体人格完善而引起的精神愉快。而且，这种由乐善止恶而引起的快感，还能达到像歌乐舞蹈那样"不知足之蹈之手之舞之"的地步，更是表现为一种审美的特征。这样，孟子就第一次打破了仅仅把美限于感观声色愉快的一般认识，"理义"以及由此而生的道德精神、人格风范，在他这里就也变成了重要的审美对象了。

理义和人的道德精神之所以能够引起人们进入审美层次的满足感、愉悦心，孟子认为这根源于人类天生所具有的不同于禽兽的人心向善的内在欲求，真正的人"所欲有甚于生者"，"所恶有甚于死者"，"生亦我所欲也，义亦我所欲也，二者不可得兼，舍生而取义者也"(《孟子·告子

上》)。既然"义"是比生命还要重要的东西，那么它的实行也就是个体本身的自我肯定，而不是屈从于某种外在的目的了。而美，就其本质而言，不正是人的自我实现、自我肯定么？

而且，人的道德精神还不只是纯理念的东西，它还体现于人整个的精神面貌，气度风范，由内而外，由隐而显，这就更接近审美观照的层次了：

> 君子所性，仁义礼智根于心，其生色也，睟然
> 见于面，盎于背，施于四体，四体不言而喻。(《孟
> 子·尽心上》)

所谓"生色"，即指仁义礼智之内在精神力度所呈现于四体的一种不言而喻的风格状貌。孟子本人所崇尚的"浩然之气""大丈夫"之气，其实也都具有这种内外一体的精神风貌：

> "敢问夫子恶乎长？"曰："我知言，我善养吾浩然
> 之气。""敢问何谓浩然之气？"曰："难言也！其为气也，
> 至大至刚，以直养而无害，则塞于天地之间。其为气也，
> 配义与道；无是，馁也。……"(《孟子·公孙丑上》)

> 景春曰："公孙衍、张仪岂不诚大丈夫哉？一怒而
> 诸侯惧，安居而天下熄。"孟子曰："是焉得为大丈夫
> 乎？……居天下之广居，立天下之正位，行天下之大道；
> 得志，与民由之；不得志，独行其道。富贵不能淫，贫
> 贱不能移，威武不能屈，此之谓大丈夫。"(《孟子·滕文
> 公下》)

"配义与道"，这是内在所具有的正义、信念以及
由此而生的无畏的力量，呈现于外的气性便"至
大至刚"，正气浩然，有一种极具魅力的阳刚之
美。至于"大丈夫"，这也更多的是给人以感观
方面的印象，其内容却都是与行得正、走得端、
威武不屈、坚定不移等人格精神有关的。

正是在此基础上，孟子提出了"充实之谓
美"的重要命题，而这一命题恰恰也是在涉及个
体人格评价时提出的：

> 浩生不害问曰："乐正子何人也？"孟子曰："善人
> 也，信人也。""何谓善？何谓信？"曰："可欲之谓善，
> 有诸己之谓信，充实之谓美，充实而有光辉之谓大，大
> 而化之之谓圣，圣而不可知之之谓神。乐正子，二之
> 中，四之下也。"(《孟子·尽心下》)

这里所谓"充实之谓美",即是将善人、信人所奉行的仁义道德原则贯注全身,使它们成为完全与自己融为一体、自然而然形于颜色举止的东西。这样,美便是直接包容了善、实现了善、与善达成了内在统一的外在表现形式。这并不等于美即是善,而是美超越了善,善上升为美。至于下面所说的"充实而有光辉"的"大","大而化之"的"圣","圣而不可知之"的"神",都是在"充实之谓美"的基础上所论的"美"所达到的不同层次,表现出孟子对道德完善、功德无量、神奇化育等至高境界的渴望和向往。

与孟子不同,荀子则更多强调了美的外在文饰特征和审美艺术节欲化俗的社会作用。

生活在战国后期的荀子,面临的政治局面和学术氛围与孟子又有了极大的不同。荀子赵人,却曾在齐国稷下学宫讲学执教,"三为祭酒","最为老师",身处学术汇集、诸子纷纭的学术中心,得以接触各家论点,遂以批判性总结、综合各家思想为自己学说的出发点。此时列国纷争,各种酷烈的情势已充分展示,战国社会各阶层的激情和欲望已袒露无遗,学术争鸣各派观点也已全面发表，这一切都决定了仍以儒家面目出现的荀子，其实又有着许多反拨孟子也不同于孔子的学术思想和美学精神。其学说见于大多为他自作的文章集《荀子》中。

耳闻目睹战国几百年功利欲望的强烈驱动，荀子已经不可能再像孟子那样一厢情愿地说出人本性善，"好德如好色"，他发现、他承认、他毫不掩饰地揭示，好利恶害、好逸恶劳、好声色美味乃是人们不可避免的自然本性，如果仍还按照儒家传统，把这些东西视为与道德完善相对立的"恶"的话，那么就是人性本恶：

> 若夫目好色，耳好声，口好味，心好利，骨体肤理好愉佚，是皆生于人之情性者也，感而自然，不待事而后生之者也。（《荀子·性恶》）

不仅如此，人的本性还好"綦（极）色""綦（极）声"等等，即赏心悦目的东西：

> 夫人之情，目欲綦色，耳欲綦声，口欲綦味，鼻欲綦臭（嗅），心欲綦佚。此五綦者，人情之所必不免也。（《荀子·王霸》）

正因为这些"欲"是"人情之所不免",故一味禁欲、寡欲都是行不通的,"以人之情为欲此五綦者而不欲多,譬之是犹以人之情为欲富贵而不欲货也,好美而恶西施也"(《荀子·正论》),心好富贵却不想做买卖赚大钱,目好美色却讨厌美人西施,这不是很荒谬的吗?

然而,只是个体欲望的一味满足并不等于美,反而还有害,还表现为丑,因为缺少社会制约和道德规范的欲只能导致乱、导致穷,唯有"制礼以分之""制雅颂之声以道之"的欲才是合理的、有益的、完美的:

> 人生而有欲,欲而不得,则不能无求,求而无度量分界,则不能不争。争则乱,乱则穷。先王恶其乱也,故制礼义以分之,以养人之欲,给人之求,使欲必不穷乎物,物必不屈于欲,两者相持而长,是礼之所起也。(《荀子·礼论》)
>
> 夫乐者乐也,人情之所必不免也。故人不能无乐,乐则必发于声音,形于动静,而人之道,声音动静,性术之变尽是矣。故人不能不乐,乐则不能无形,形而不为道,则不能无乱。先王恶其乱也,故制雅颂之声以道

之，使其声足以乐而不流，使其文足以辨而不諰，使其曲直、繁省、廉肉、节奏足以感动人之善心，使夫邪汙之气无由得接焉，是先王立乐之方也，而墨子非之奈何！（《荀子·乐论》）

这些论述实际上显示了荀子关于美的基本认识，即人性自然欲求在先王礼乐引导下所达到的完善方为美，为雅颂所"道之"的艺术方为美。这涉及"欲"与"礼"、情与理的互动关系。荀子看到了人的欲望只有在一定的社会规范制约下才能获得真正的满足，"以道制欲，则乐而不乱；以欲忘道，则惑而不乐"（《荀子·乐论》）。试想，当社会因物欲情欲横流、上下交征而动荡混乱朝不保夕之时，谁还能再安安稳稳地享受美妙的音乐呢？审美享受的欲望的确出自人的自然本能，但人毕竟不是兽，作为社会的人所应具有的欲望和情感应该是合乎理性的，美就是这种欲与礼、情与理统一的结晶；艺术就是使自然的人同社会的人、感性的人同理性的人相统一的手段。由此，荀子又强调了"乐"（艺术）的功能即在于"道欲""制欲"，从而"可以善民心，其感人深，其移风易俗"(《荀子·乐论》)。

正因为仍旧保持着这些礼乐理想，荀子留在了儒家的行列里，不过与孟子明显不同的是，美已经是由外而作的需要经过规范、文饰的东西，或者说美是人把某种美的形式规范加到对象上去或改造对象的结果。这个意思，在荀子著名的"性伪之分"和"性伪合"的学说中得到了更明晰的表述：

> 不可学不可事而在人者，谓之性；可学而能可事而成之在人者，谓之伪，是性伪之分也。(《荀子·性恶》)
>
> 人之性恶，其善者伪也。(《荀子·性恶》)
>
> 性者，本始材朴也；伪者，文理隆盛也。无性则伪之无所加，无伪则性不能自美。性伪合，然后圣人之名一，天下之功于是就也。(《荀子·礼论》)

在荀子这里，"性"是天生自然的，"伪"则是外在人为的。荀子既不回避人们生而所有的各种欲望，又坚信通过后天的人为努力可以克服恶习，达到理想的境界。在美的创造中，"性"是基础，"伪"却是关键，毕竟"无伪则性不能自美"。美，就像璞石打磨成玉，乃是"性伪合"的结果，也就是天然材料、天生质地加上人为努力的杰作。应该说，这已经朦胧地触及了美的本质，即美是人对外部世界改造的产物。

在这里，荀子的美学与他"制天命而用之"的哲学合奏出了时代的最强音，显示了在新的社会背景下崇尚有为的儒家向外扩展、追求事功的鲜明特点。

无论鼻祖孔子，还是孟、荀，他们的美学都与其社会人生的学说相辅相成，都是其哲学思想的一个部分。值得注意的是，除此之外，在对礼乐文化进行总结的基础上，在儒家中间，还诞生了一部音乐美学专著，其实也是中国第一部系统的艺术理论专著，这就是《乐记》。

据称《乐记》原 23 篇，现存于《礼记》中的有《乐本》等 11 篇，合为一篇。作者、成书年代学界多有争议，或据《隋书·经籍志》引沈约说"《乐记》取公孙尼子"，认为《乐记》乃战国初孔子弟子公孙尼子所作；或据《乐记》有与《荀子·乐论》相同的语句，认为《乐记》作于《荀子》之后，属于荀子学派的著作。近年根据战国中期郭店楚墓竹简中《性自命出》有与《乐记》相近的思想和语句，又有学者提出二者皆与公孙尼子有关的设想[2]，此说尚在讨论之中。其实，无论《乐记》出自谁手，这是儒家学派在对礼乐文化总结基础上系统阐释音乐问题的一部著作是可以肯定的，据此可更加集中地把握儒家的艺术观和美学观。

说起来，《乐记》中的许多观点在前述孔子、孟子、荀子的美学理论中都已经出现过了，毕竟他们一脉相承，无论侧重点有什么分歧，其基本取向还是一致的。然而《乐记》作为一部音乐美学专著，其对音乐理论的阐述比任何一家都要全面、系统、专业，涉及声、音、乐等具体的艺术问题，所论也要详尽得多。

首先值得注意的是，《乐记》已经对音乐艺术的本质、特性及其与社会生活的关系做了具体论述：

> 凡音之起，由人心生也。人心之动，物使之然也。感于物而动，故形于声。声相应，故生变，变成方，谓之音。比音而乐之，及干戚羽旄，谓之乐。……
>
> 凡音者，生人心者也。情动于中，故形于声；声成

> 文，谓之音。是故治世之音安以乐，其政和；乱世之音
> 怨以怒，其政乖；亡国之音哀以思，其民困。声音之道，
> 与政通矣。

称"声音之道与政通"，把音乐艺术与社会政治直接联系起来，这本是周代礼乐文化的特定传统，也是儒家美学的基本出发点，不过《乐记》这里揭示出了音乐与社会政治联系的特殊途径。它明确意识到音乐乃是人内心情感的艺术表现，由"情动于中"而发为"声"，赋予"声"以节奏、旋律等美的形式，就形成"音"（乐曲）；再配以诗歌舞蹈，就又形成"乐"（综合艺术）。究其根源，音乐所负载的人的内心情感又是有感于物（社会环境、政治兴衰）而动而发的，那么，通过这种音乐就可以了解人们的喜怒哀乐，反观社会和政治的兴衰成败。其具体过程，用《乐记》的话来说就是"审声以知音，审音以知乐，审乐以知政，而治道备矣"。

具体来说，音乐又是如何表现人们不同情感的呢？或者说，究竟该如何"审声""审音""审乐"以知"情"进而"知政"呢？《乐

记》指出，音乐媒介同主体情感之间，存在着某种"以类相动"的情况，或者说，有什么样的哀乐喜怒敬爱之情，就有什么样的与之相应的声音主旋律：

> 其哀心感者，其声噍以杀；其乐心感者，其声啴以缓；其喜心感者，其声发以散；其怒心感者，其声粗以厉；其敬心感者，其声直以廉；其爱心感者，其声和以柔。

悲哀的感情，会产生哽咽低促的曲调；快乐的感情，会产生和乐舒缓的曲调；喜悦的感情，会产生明朗奔放的曲调；愤怒的感情，会产生冲撞猛厉的曲调；崇敬的感情，会产生端正庄重的曲调；爱恋的感情，会产生平和温柔的曲调。尽管这些说法不免有些简单化、类型化的倾向，但毕竟是对音乐切实感受的总结。正因为"情"与"音"有这些大致的对应关系，"审音"以"知情""知政"才成为可能。这些论述，无疑是《乐记》作为音乐专著对中国早期音乐理论、美学理论的独特贡献。

不同的情感会导致不同的音乐；反过来，不

同的音乐，也会影响到人们产生不同的感受和性情，这就是：

> 志微噍杀之音作而民思忧，啴谐慢易繁文简节之音作而民康乐，粗厉猛起奋末广贲之音作而民刚毅，廉直劲正庄诚之音作而民肃敬，宽裕肉好顺成和动之音作而民慈爱，流僻邪散狄成涤滥之音作而民淫乱。

正因为和乐之音能使人康乐，庄重之音能使人肃敬，宽和之音能使人慈爱，邪僻之音能使人淫乱……音乐就有了作用于人的心性的社会功能，其中的平和宽厚之音，就可以起到感化心灵、陶冶情性的独特作用。

正是基于对"乐"的这种认识，《乐记》还对礼乐文化中"礼"和"乐"的互动关系、对礼乐之"乐"的特殊功用给予了充分的理解和总结：

> 乐者为同，礼者为异。
>
> 乐者，天地之和也；礼者，天地之序也。和，故百物皆化；序，故群物皆别。

> 礼义立，则贵贱等矣；乐文同，则上下和矣。
>
> 乐由中出，礼自外作。乐由中出故静，礼自外作故文。……乐至则无怨，礼至则不争。

这个能顺同群体、协和上下、净化心灵的"乐"，显然已不是一般的宽泛的各类音乐，而是特指与礼"里应外合"的礼乐之乐，也是《乐记》最崇尚的中和之乐，在礼对人们的举止言行做出种种贵贱有别的外在规定的时候，这种中和之乐正起到了从中化解、合和、治心、感发等等奇妙的作用。用《乐记》的直接表述就是：

> 乐在宗庙之中，君臣上下同听之，则莫不和敬；在族长乡里之中，长幼同听之，则莫不和顺；在闺门之内，父子兄弟同听之，则莫不和亲。故乐者，审一以定和。……所以合和父子君臣，附亲万民也，是先王立乐之方也。

原来，这都是"先王立乐之方"，指的不正是周代礼乐之制吗？儒家正都是通过对"先王"之制的发挥总结，提出了他们崇和尚善、情理统一的审美理想，从而形成了以人与社会之"和"为其特征的伦理化美学体系的。

老、庄:

与道合一的道家美学

同样发轫于春秋战国之际、以老子为鼻祖、以庄子为代表的道家学派，是以与儒家对立互补的姿态出现于学术论坛的。与儒家一样，道家也是基于对乱世的忧虑，提出自己的济世之方的；不同的是，他们由对文明社会的失望，导向对连同周代礼乐在内的一切社会政治伦理的怀疑和否定，从而把视野投向自然无为、朴素恬淡的人生境界，形成了以崇尚自然、"与道合一"为其特征的哲学体系和美学理想。

老子何许人也，《老子》究竟作于何时，都曾经是个谜，司马迁《史记》为老子作传，已经搞不清楚，一连提到了春秋末年与孔子同时而稍长的老聃、楚人老莱子和战国时的太史儋三人；《老子》一书也有作于春秋末或成书于战国等不同的猜测。近年有学者根据郭店楚墓竹简《老子》甲、乙、丙三本的文字，与今见本《老子》比较，提出简本《老子》为春秋末期老聃所作，今见本《老子》为战国时太史儋在原本基础上扩充而就[3]，此谜团有望得到释解。当然，不论最终结论如何，流行于战国、

代表老子道家思想的《老子》已经是今见五千
言的《道德经》，把握老子哲学体系，仍当以
此为所本。

把握老子的美学，必须首先了解他的哲学，
或者说了解他的哲学，就等于把握他的美学，因
为出于对礼乐文明的怀疑，他也排斥那些与文
明社会发展同步出现的享乐艺术和审美观赏，所
谓"五色令人目盲，五音令人耳聋，五味令人口
爽；驰骋田猎，令人心发狂；难得之货，令人行
妨"（《老子》十二章），认为这些奢侈的享乐本
身就是对人性的伤害，是社会不安的缘由。所以
在他的哲学之外，他很少论到一般人眼中的艺术
和美。他另有自己的崇尚，有自己的美，这个美
就是他哲学的核心"道"。

老子的"道"，是超越了任何社会伦理、
天子王侯甚至天神上帝的最高法则，这个法则
不是别的，就是宇宙世界万事万物得以生成、
运行、变化的终极原因、冥冥力量、铁的规
律，视而不见却又无所不在，无目的却又合目
的，不有意为之却又无所不为。你看他关于道
的描述：

> 有物混成，先天地生。寂兮寥兮，独立而不改，周行而不殆。可以为天下母。吾不知其名，强字之曰"道"，强为之名曰"大"。……人法地，地法天，天法道，道法自然（自然而然）。(《老子》二十五章)
>
> 道生一，一生二，二生三，三生万物。(《老子》四十二章)

在老子这里，"道"就像一双神奇的大手，看不见，摸不着，"迎之不见其首，随之不见其后"(《老子》十四章)，却造就了如此大千的世界；"道"又像一位神秘的主宰，不说一句话，但四时运行，万物生灭，都离不开或逃不脱它的"点化"。

道适用于自然万物，也适用于人类社会，毕竟"人……法自然"，人类也是自然的一个部分，人与人也该自然而然地相处，随"道"而行。在老子看来，正因为背弃了"道"天然无为、自然天成的法则，人类才出现了虚伪和罪恶：

> 大道废，有仁义；智慧出，有大伪；六和不亲，有孝慈；国家昏乱，有忠臣。(《老子》十八章)
>
> 天下多忌讳而民弥贫；民多利器，国家滋昏；人

多伎巧，奇物滋起；法令滋彰，盗贼多有。(《老子》
五十七章）

所以，老子关于社会政治的理想也是顺应"道"
的法则，回归自然，抛弃刻意的追求和奢望，更
远离争夺和战争，"不尚贤，使民不争，不贵
难得之货，使民不为盗，不见可欲，使民心不
乱……常使民无知无欲，使夫智者不敢为也。为
无为，则无不治"(《老子》三章）。于是，大家
都安然处世，悠然自得，"甘其食，美其服，安
其居，乐其俗，邻国相望，鸡犬之声相闻，民至
老死不相往来"(《老子》八十章）。

当老子如此热烈地推崇着他的"道"时，不
就是在展示一个美的境界吗？其本身不就是一种
特别的审美吗？的确，在老子这里，再也没有什
么是能与"道"媲美的了：

天得一（道）以清，地得一以宁，神得一以灵，谷
得一以盈，万物得一以生，侯王得一以为天下贞。(《老
子》三十九章）

其实，老子所描述的这个无为而无不为的

"道"，强调顺应自然以达到最为完美合理的境界，朦胧地包含了对合目的与合规律的统一的理解，无意中正触及了美、审美和艺术创造的一个重要特征，即无目的的合目的性。而且，老子所描述的这个"道"本身作为"无状之状"，"无物之象"，又具有与审美对象极为类似的特征：

> 道之为物，惟恍惟惚。恍兮惚兮，其中有象；恍兮惚兮，其中有物。窈兮冥兮，其中有精；其精甚精，其中有信。(《老子》二十一章)

"道"是无形的，所以"惟恍惟惚"；"道"又产生了无穷无尽的万物，或蕴含在万事万物之中，所以又"其中有象""其中有物"；"道"不可言状，却美不胜收；"道"是能感知的，又远远超出人们的直观感觉。包括艺术在内的所有的美，不都正是既诉诸感觉又超出感觉，通过具体可感的外在形式，唤起联想、情感和想象的吗？有声与无声、有形与无形的辩证统一，正是艺术和审美的真谛。

正因为老子的道与审美和艺术有天然契合之处，他有许多原本论"道"的玄言，却被后人引申出重要的艺术命题。比如：

"大音希声"（《老子》四十一章）。原意是
大道有声，却是听不见的，"听之不闻名曰希"
（《老子》十四章）。后来人们据此发挥为最美妙
的音乐不是单纯用耳能听到的，正所谓"此时无
声胜有声"。音乐最精妙之处正在于超越声音媒
介所表现的情感意境。

"大象无形"（《老子》四十一章）。原意是大
道有象，却是看不见的。后来绘画艺术讲究"虚
实相生"，无画处皆成妙境，认为最美的形象更
存在于欣赏者想象的空间等等，都是对这一"无
状之状"妙境的体悟和发挥。

"大巧若拙"（《老子》四十五章）。原意是大
道有巧，却是天然而成，稚拙随意的。这更符
合艺术的最高境界，即"清水出芙蓉，天然去雕
饰"，"自然天成"，"巧夺天工"，臻于极境，却
没有一点斧凿的痕迹。

当然，这一切涉及审美和艺术的命题，包括
"道"本身所包含的美学意义，在老子这里都还
是潜在的，朦胧的，不自觉的，老子对美学的真
正贡献就在于他创立的哲学奠定了整个道家的美

学基础，而道家美学的真正建立，则是由庄子来完成的。

庄子，与孟子同时而稍后。他们活动的战国中期，诸子百家已经形成明显的学派分立，庄子是以鲜明的不与"昏上乱相"合作的姿态，以崇尚老子之"道"、以非儒黜墨的道家身份，以"独与天地精神往来"的境界，立足于世的。《庄子》一书即是他及其后学研思论道的著作汇编。一般认为其中的内篇为庄子所作，外、杂篇为庄子后学所作。其实，庄子后学大多也都是发挥庄子思想，全书属于一个学说体系。现在把握庄子美学，乃是以《庄子》全书为依据，并不限于《内篇》七篇。严格讲，所谓庄子美学，当指庄子学派的美学。

与老子一脉相承，"道"在庄子心中，同样具有无始无终、无所不在、无为而无所不为的至高地位：

> 夫道，有情有信，无为无形，可传而不可受，可得而不可见；自本自根，未有天地，自古以固存；神鬼神帝，生天生地；在太极之先而不为高，在六极之下而

不为深，先天地生而不为久，长于上古而不为老。(《庄子·大宗师》)

以此为旨归，审视远离自然纯朴之"道"、已变得沽名钓誉你争我夺的人类社会，庄子们比老子更激烈更痛彻地抨击物欲对人的异化、对人性的伤残，指斥仁义礼乐的虚伪，悲叹芸芸众生的不幸：

自三代以下，天下莫不以物易其性矣。小人则以身殉利，士则以身殉名，大夫则以身殉家，圣人则以身殉天下。……若其残生损性，则盗跖亦伯夷已……(《庄子·骈拇》)

彼窃钩者诛，窃国者为诸侯，诸侯之门，而仁义存焉。(《庄子·胠箧》)

方今之世，仅免刑焉。(《庄子·人间世》)

今世殊死者相枕也，桁杨者相推也，刑戮者相望也，而儒墨乃始离跂攘臂乎桎梏之间。(《庄子·在宥》)

在庄子看来，文明发展所带来的物质的丰富，使人们的欲望极大地膨胀，争夺于是乎起，社会于是乎乱，治世的圣人于是乎出，儒墨等所谓"仁义""兼爱"于是乎喊，名誉地位于是乎求。这一切都是对人素朴本性的严重伤残，其结果是人类社会的不可救药，无论君子小人，每个人都带上了冷冰冰的精神枷锁。

正是出于对社会现实的彻底绝望，对当今统治者不再抱任何幻想，庄子哲学与老子学说在出发点上出现了明显的区别。老子倡言"无为而无不为"的"道"，总带有某种为治国治民出谋献策的道术的意味，难怪后人会从里面讨教些人君南面之术；庄子全部的关心却是在人类个体生命的状态，他所要探讨的，所要强调的，都只在于作为个体的人，在当今这物欲名欲横流的世道里，如何摆脱异化、回归自然，以达到全性保真、不为外物所累的绝对自由的境界。这种超越现实功利、追求自由获得的态度本身，就已经进入了审美的层次，所以完全可以说，庄子全部的心思，就等于是教人怎样"审美"地活着；所以，他的哲学就是他的美学，二者在这里是浑然一体的。

"审美地活着"的前提是"活着"，所以庄子表现出对人生命的极大在意，《养生主》甚至教人"为善无近名，为恶无近刑，缘督（中道）以为经"，在乱世的矛盾夹缝中游刃，以"保身""全生""养亲""尽年"；《山木》中庄子感叹枝叶过盛的大树"以不材得终其天年"，也有触景生情、反思生命的意思在里面。不用说其中确有些滑头的味道，但只要理解了庄子对俗世包括仁义善恶在内的一切人为桎梏的否定，就会明白这种"无可无不可"的滑头不过是蔑视外物、追求本真的一种表现。

当然，"活着"只是最低的层次，还远远不是庄子所要追求的全性保真；如何活得适意、逍遥、自由，才是庄子生命哲学的终极目的。就是在这里，庄子书写出他最醒目的八个大字：物我两忘，与道合一。

《庄子》开篇第一篇就是《逍遥游》，全篇只围绕一个中心，这就是什么是逍遥游，怎样做到逍遥游；而所谓"逍遥游"，也就是不受任何束缚的自由自在的活动。这应该说是整部《庄子》的一个纲领，一面旗帜。文章通过否定一切"有所待"、有条件、受束缚的追求，最后得出的结论是：

> 若夫乘天地之正，而御六气之辩，以游无穷者，彼
> 且恶乎待哉？故曰：至人无己，神人无功，圣人无名。

原来，庄子所追求的"无待"，是一种在精神上超越了一切是非荣辱、功名利禄、完全与天地之气融为一体、伸缩自如的状态，就像庄周梦蝶，"栩栩然蝴蝶也"，待一觉醒来，已经不知"周之梦为蝴蝶与？蝴蝶之梦为周与"，全然物我两忘，身与物化了。于是"天地与我并生，万物与我为一"（《庄子·齐物论》），因为与道合一而达到了无限与自由。试想，一个完全忘我而游心于"道"、随"道"俯仰的人，还有什么是能使他焦心忧虑的呢？用庄子在《山木》中所说的话来说就是："一龙一蛇，与时俱化，而无肯专为；一上一下，以和为量，浮游乎万物之祖；物物而不物于物，则胡可得而累邪？"

可见，达到这种"逍遥"境界的基本途径是"无"，是"忘"，有所求就有所累，"以富为是者，不能让禄；以显为是者，不能让名；亲权者，不能与人柄。操之则慄，舍之则悲……是天之戮民也"（《庄子·天运》），在这种被功利欲求

缠绕的心境中，有也苦，无更苦，怎么可能达到
自由的状态？所以庄子要人们"虚静恬淡寂寞
无为"（《庄子·天地》），"凝神"，"心斋"，"坐
忘"，灭除一切是非得失的考虑和杂念，直接用
心去神遇"道"的美境，这就是：

> 堕肢体，黜聪明，离形去知，同于大通（道），此
> 谓坐忘。（《庄子·大宗师》）

"堕肢体"，当然不是要毁掉肢体，而是忘掉
自己，忘怀一切，顿然"同于大通（道）"，主体
越过所有理念的层次，直接与对象相遇，共鸣，
获得一种不可名状的适意和自由感，这不正是一
种近乎审美的过程和感受吗？

庄子关于美的一些具体论述，也都体现了这
种对"与道合一"的自由境界的基本追求。

关于美的理想，庄子崇尚"天地有大美而不
言"的无为之美，更崇尚圣人"原天地之美"而
达到的不刻意为之而"众美从之"的境界：

> 天地有大美而不言，四时有明法而不议，万物有成
> 理而不说。圣人者，原天地之美而达万物之理，是故至人
> 无为，大圣不作，观于天地之谓也。（《庄子·知北游》）

> 吾师乎！吾师乎！ 整万物而不为义，泽及万世而不
> 为仁，长于上古而不为老，覆载天地刻雕众形而不为巧。
> （《庄子·大宗师》）
>
> 若夫不刻意而高，无仁义而修，无功名而治，无江
> 海而闲，不道（导）引而寿，无不忘也，无不有也。澹
> 然无极，而众美从之。此天地之道，圣人之德也。（《庄
> 子·刻意》）

这里，庄子热烈歌颂了天地自然的"大美"，你听不见它们叽叽喳喳谋划的声音，看不见它们忙忙碌碌劳苦的身影，不争巧，不图功，不把仁义挂在嘴边，但四时运行不息，山川千姿百态，雨露滋润，万物生长，一切都是这么自然而然，一切又都是这么尽善尽美。但是，如果你以为这里只是在欣赏自然可就错了，天地之美在这里起到的是人类良师益友的作用，庄子更赞美那些从观天地之美悟出人生真谛的至人、圣人，以及他们所达到的同样近乎"道"的至美的境界。你看他们不强迫自己却能自然而然地提高品德，不汲汲于仁义照样可以修身养性，不追求功名却治理了天下，不隐身江海却也能闲暇自适，不学导引之

术却能够长命百岁，没有什么是他们刻意去追求
的，又没有什么是他们不具备的。正所谓"澹然
无极，而众美从之"，不有意做什么，却又什么
都做了，无目的，却最好地合了目的，这该是多
么自由而又惬意的人生呵！

正因为以自然无为为美，庄子必然从根本上
抱持以真为美的审美标准。与以孔子为代表的儒
家美学强调美与善的一致性相对应，庄子美学所
强调的恰好是美与真的一致性。正所谓"返璞归
真"，"法天贵真"，所谓"真"在庄子这里也就
是素朴，是天然本色，是未经人为伤残的"天"。
《秋水》篇所提出的"无以人灭天"，就是对这种
"贵真"的最好说明：

> 牛马四足，是谓天；落马首，穿牛鼻，是谓人。故
> 曰：无以人灭天，无以故灭命，无以得殉名，谨守而勿
> 失，是谓反其真。

就像牛、马都有四条腿，"真"就是本来天
然的样子；为了某种目的，人们却要给马加上
羁绊，在牛鼻上穿孔，拘束它们的行动，这就是
人为伤害了牛、马的本性，也就是破坏了"真"，

破坏了天然。庄子呼吁"无以人灭天",就是强调人们应该纯任自然,不要人为地破坏自己生命的自然旅程,不要牺牲率性自得而套上精神枷锁。在这里,真与道汇合了,真也就是合乎道所呈现的个体自由的状态,所以真也就是美。于是,在《庄子》中,我们处处可以看到对"真"、对不假人工的天然之美的讴歌和礼赞,对戕害天性的人为造作的反感和否定:

> 真者,精诚之至也。不精不诚,不能动人。故强哭者虽悲不哀,强怒者虽严不威,强亲者虽笑不和。……礼者,世俗之所为也;真者,所以受于天也,自然不可易也。故圣人法天贵真,不拘于俗。(《庄子·渔父》)
>
> 马,蹄可以践霜雪,毛可以御风寒,龁草饮水,翘足而陆,此马之真性也。……及至伯乐,曰"我善治马",烧之,剔之……马之死者十二三矣……(《庄子·马蹄》)

只有自然无伪的真情感才是美的,只有率性不羁的真性情才是美的,应该说,道家这种以真为美的追求,确乎在中国美学一片善的呼声之外,吹出了一股清新的气息。

　　凸显内在精神的与道合一，忘却或忽略外在形式媒介的存在，还使庄子美学特别培养了贵精神、重内容的审美倾向。这在《庄子》对大量形体残缺、面貌奇丑的至人的描写上，得到了夸张式的表现。比如《德充符》中就有个"以恶（丑）骇天下"却极有魅力的哀骀它：

> 卫有恶人焉，曰哀骀它，丈夫与之处者，思而不能去也。妇人见之，请于父母曰"与为人妻宁为夫子妾"者，十数而未止也。

如此一个丑人，却能使妇人们心向往之，即使做他的小老婆也心甘情愿，他的魅力究竟在哪里？原来，哀骀它是个"全德"之人，他是以其合乎道的内在精神，显示了他的美，他的价值。这也就是庄子学派所强调的"德有所长而形有所忘"（《庄子·德充符》）。需要说明的是，庄子这里并不是以丑为美，丑中见美，而只是通过黜肢体，忘形骸，突出精神的完美，美的仍是心中的"道"，而不是残缺丑陋的外在形体。其实，庄子著名的"得意而忘言"，其本初的用意也是从这个角度立说的：

筌者所以在鱼，得鱼而忘筌；蹄者（捕兔工具）所

以在兔，得兔而忘蹄；言者所以在意，得意而忘言。

（《庄子·外物》）

存在于一切事物中的"道"是绝对的，无限的，体现它的任何外在形式、手段、言辞都是相对的，有限的。所以只有不局限于外物，超越外物，乃至最终抛却外物，才有可能真正把握道的精神。不过，这"得意而忘言"，无意中触及了文学语言"言有尽而意无穷"的特征，以至对后来的文学艺术发生了极大的影响，却也是美学和文学艺术理论的额外收获。

墨子的"非乐"与韩非的"非饰"

生活在战国前期的墨家学派的代表人物墨子，与生活在战国后期的法家学派的集大成者韩非，无论身份、立场还是学说理论都有极大的不同，但作为对儒家学派崇尚礼乐的一个反动，他们在注重实用和功利、鄙弃审美和艺术方面却有惊人

的相似之处，即一个"非乐"，一个"非饰"。所以，就审美文化史而言，他们完全可以同被放在否定的环节上。

墨子是战国诸子中唯一一位代表下层生产者而留下著述的人，时人或称之为"贱人"(《墨子·贵义》)，或称其为"大巧"(《韩非子·外储说左上》)，还有不少关于他"工为车辖""为木鸢，三年成，飞一日而败"(《韩非子·外储说左上》)的传说，所以更准确地说，他是当时小手工业者的代表。《墨子》一书即是他的弟子记述和发挥他的言论的文章汇编。墨子与美学有关的思想即见于此书。

墨子学说体系中的许多命题，诸如"兼爱""非攻""节用""尚贤""尚同"等等，都与他作为下层小手工业者代表的这种特定身份有关，他在美学问题上鲜明提出"非乐"，极端否定从事音乐歌舞等审美活动的价值，也是从这个立场出发的。对此，他在《非乐》篇中集中论述道：

　　仁之事者，必务求兴天下之利，除天下之害，将以为法乎天下，利人乎即为，不利人乎即止。且夫仁者之为天下度也，非为其目之所美，耳之所乐，口之所甘，身体之所安，以此亏夺民衣食之财，仁者弗为也。是故子墨子之所以非乐者，非以大钟、鸣鼓、琴瑟、竽笙之声，以为不乐也；非以刻镂华文章之色，以为不美也；非以刍豢煎炙之味，以为不甘也；非以高台、厚榭、邃野之居，以为不安也。虽身知其安也，口知其甘也，目知其美也，耳知其乐也，然上考之，不中圣王之事，下度之，不中万民之利。是故子墨子曰：为乐非也。

很显然，墨子并非不懂得美声、美色、美味、美居之赏心悦目，但他考虑问题的出发点是功用，是利害，而且是与下层人民迫在眉睫的财用问题直接相关的利益，不能直接给万民带来财利反而还要亏夺民众衣食之财的"乐"，自然成了多余的奢侈品。墨子已经反复强调"节用"了，"乐"这个奢侈品在这里怎还能有容身之地呢？

接下来，墨子还具体指出了"乐"之所以不可取的几点理由。比如，"为乐"离不开乐器，而乐器的制造不但费财，还会费力，"将必厚措敛乎万民，以为大钟、鸣鼓、琴瑟、竽笙之声"。乐器制好之后，需要选拔年轻力壮聪慧敏捷的男男女女来为"王公大人"演奏，还贻误了耕织，妨了生产。而且，欣赏音乐也是件费工费时的事情，君子误了治理，贱人误了工期。

说来说去，还是都在一个财用的问题上。的确，在墨子看来，"民有三患：饥者不得食，寒者不得衣，劳者不得息"。这里饭都吃不上，衣都没得穿，已经累得要死，而达官贵人们却还要搜刮民脂民膏，滥用民之体力，来逞他们的一时之快，这是何等不公平的事情。这种有百害而无一利的"乐"，要它又有何用？

我们知道，周代所大力推行的礼乐之制，在儒家学派各位代表人物和著作中都曾得到理论上的总结、推崇，提倡礼乐、强调礼乐的社会功能，是儒家的一大特色，墨子专门作一篇"非乐"，其与儒家针锋相对的意图是十分明显的。当时儒墨并称"显学"，本是两个尖锐对立的学派，墨家正是从"节用"的基本原则出发，反对儒家所倡导的厚葬久丧、繁文缛节和礼乐仪式，甚至直接攻击孔子"盛容修饰以蛊世，弦歌鼓舞以聚徒，繁登降之礼以示仪，务趋翔之节以观众。……繁饰邪术以营世君，盛为声乐以淫遇民"(《墨子·非儒下》)，其中就大量包括了"乐"的内容。《非乐》对儒家所强调的"乐"的教民化俗作用不予理会，偏在其财力破费和毫无实用价值上大作文章，除了其特定身份所导致的相对关注视野，应该说在很大程度上也与学派之争攻其一端不及其余的特定语境有关，这多少已经超出了美学观的范畴，毕竟当时的学者们都还没有有意识地论述美和审美。

有意思的是，身为"韩之诸公子"、一心为"人主"思谋"帝王之术"的韩非，也同样提出了非毁礼乐、否定繁饰的理论主张。他的立场与墨子天壤有别，导致他与墨家在对待美和艺术的态度上"不谋而合"的唯一原因，就是讲究实用和功利。

韩非所处的战国后期，列国纷争已经到了白热化的程度；而且秦以变法速强，其倾吞天下之势已尽显无疑，六国无不岌岌可危；激励耕战，富国强兵，御秦保家，在韩非看来的确已是刻不容缓的现实问题。他在大多为他亲自著述的《韩非子》中所提出的一切主张，包括明法驭臣、行赏用罚、鼓励耕战、黜浮说虚夸等等，几乎都是以近在眼前的功用效率为旨归。至于工巧、艺术、歌乐这些既不能当饭吃，也不能当衣穿、弄不好还要妨害耕战的"玩艺"，韩非当然是嗤之以鼻、极尽嘲讽挖苦之能事的。

在《喻老》篇中，韩非提到一个宋人曾经整整花了三年时间，用象牙为他的国君雕刻了一片楮树叶子。这片象牙楮叶可谓精雕细刻之极，其肥瘦、色泽、纹理、经脉，跟真的几乎一模一样，把它混在楮树绿丛中，绝对可以以假乱真。那宋人因此而"食禄于宋邦"，吃上了雕刻这碗饭。不用说，这宋人该算是一位艺术家，这象牙叶也该算是一件绝妙的艺术品了。但韩非却觉得这是十足的多此一举："使天地三年而成一叶，则物之有叶者寡矣。"意思是天地间明明有自然生成的绿叶，一年可以长出成千上万，你却费劲地去用象牙雕刻叶子，而且花上三年才能雕出一片，这又何苦来？不利用老天爷的天然赐予，却要发挥所谓个人的智巧，又能见着多少功效？

难道韩非真的不懂艺术？非也。尽管那个时代还没有"艺术家"这个词，没有"美学"这个名称，他总不至于连象牙叶与自然叶都分不清楚。而他之所以要这样说，关键是比起耕战这种当务之急，雕刻之类的智巧不过是些可有可无的"花样"，他不希望因为看重、奖赏这无用的东西，挫伤大众耕战的积极性。

类似重实用轻艺术、重质轻文的思想，在著名的"买椟还珠"的故事中得到了更为清晰的表现。所谓"买椟还珠"，说的是有人本来要买珠子，却留下那盛珠子的木匣子，把珠子还给了卖主。这世上果真有这等傻事么？其实这买主并不傻，傻的倒是那卖珠子的人。你若看到那"椟"的样子就明白了：

> 楚人有卖其珠于郑者，为木兰之椟，薰以桂椒，缀以珠玉，饰以玫瑰，辑以羽翠，郑人买其椟而还其珠。
>
> （《韩非子·外储说左上》）

如此美丽华贵的香木匣子，珠宝、翡翠应有尽有，谁还要你那珠子，要这木匣不就得了？结果你真要卖的珠子反而没卖成。韩非这是要告诉人

们，过于讲究外在修饰，对实际要达到的目的不
但无益，反而有害。

　　有趣的是，这个故事恰恰是通过墨子之徒田
鸠讲出来的。当时楚王问田鸠："墨子者，显学
也，其身体则可，其言多不辩，何也？"这是说
墨子的学说，实实在在，很容易照着去做，身体
力行，但看看他说的话，并没有多少文采，甚至
大多没有修饰，这就让人觉得有点奇怪了，难道
不是越动听的语言越有好的效果么？就是在这种
情况下，田鸠讲了"买椟还珠"的故事，并进一
步申述道："今世之谈也，皆道辩说文辞之言，
人主览其文而忘其用。墨子之说，传先王之道，
论圣人之言以宣告人。若辩其辞，则恐人怀其
文，忘其直，以文害用也"。原来，就是因为害
怕像修饰木匣那样把真正要"兜售"的"货"给
淡化了，才有意不作言辞夸饰的。

　　身为法家的韩非当然不会是在鼓吹墨家学
说。墨家近乎侠客，直接对他所倡导的法禁构成
威胁和破坏，还是他相当反感的。他在此引用墨
家的说法，只是取他们务实的这一点。由此更可
见在讲求实用上两者确有共同之点。

正是在这个意义上，韩非明确提出了他"非饰"的主张：

> 礼为情貌也，文为质饰也。夫君子取情而去貌，好质而恶饰。夫恃貌而论情者，其情恶也；须饰而论质者，其质衰也。何以论之？和氏之璧，不饰以五彩，隋侯之珠，不饰以银黄，其质至美，物不足以饰之。夫物之待饰而后行者，其质不美也。……由是观之，礼繁者实衰也。(《韩非子·解老》)

很显然，这里所谓的"情""质"是指事物自身本有的状态，而"礼""饰"则是指外在人为的加工和装饰，落实到韩非的概念体系中，应该仍然是"珠"和"椟"的关系。与他重功利轻审美的一贯态度相一致，他在这里也十分明显地把质与文对立起来，做了非此即彼的划分，并毫不含糊地宣称应该"取情而去貌，好质而恶饰"，因为在他看来，质美就无需装饰，要装饰就说明其质不美。说起来，韩非这种论调的过于偏激和狭隘是无需再多加分析的，不过从他最后推导出"礼繁者实必衰"的结论来看，这种偏激似乎也是儒法对立的一个结果。

儒道互补

墨、法两家对审美、对艺术的极端否定都是学术争鸣中出于对儒家的反动而出现的，其片面性是显而易见的，除了某些特定的时段和契机，就总体而言，它们对中国美学没有产生多少实质性的影响。实际上，真正代表战国时代审美理论分化的是儒道二家，分化中又共同体现了以"和"为美的精神，只不过前者重视的是人和社会，后者追求的是人与自然。也正因为如此，二者恰恰构成了互补的关系。此后，中国美学正都是由这个基本结构出发，展开其无限丰富的形态变化的。

〔1〕 何晏《论语集解》引郑玄注，见《十三经注疏》第 2525 页，中华书局，
     1980 年版。

〔2〕 陈来《郭店楚简之〈性自命出〉篇初探》，载《孔子研究》1998 年第
     3 期。

〔3〕 参见郭沂《楚简〈老子〉与老子公案》，见《郭店楚简研究》第 118 页，
     辽宁教育出版社，2000 年版。

2

润色故事

私家撰史与记述散文的多向发展

不管理论家们怎么在争论着要"质"还是要"文"，人类审美文化的历史总还是在循着自己的轨迹运动着的，进入战国后的记述文字，就明显地由质而文，润色加工，辞采斐然。而这种记事散文的显著发展，正也与战国文士的出现、特定时代的学术氛围及私家撰史的风气息息相关。

首开私家撰史之风的也当推孔子。中国古代早有史官之制，周王朝及各诸侯国均设有太史之职，"君举必书"，而且还有了具体的分工，"左史记言，右史记事，事为《春秋》，言为《尚书》"（《汉书·艺文志》）。这些史载无疑都是官方档案。孔子也作有一部《春秋》，却是属于自己的《春秋》。因为孔子并非太史，修史纯属伤周礼之废弛、哀世道之变乱、陈史事以别是非示警戒的个人行为。用孟子的话来说，就是："世衰道微，邪说暴行有作，臣弑其君者有之，子弑其父者有之，孔子惧，作《春秋》。《春秋》，天子之事也，是故孔子曰：'知我者，其惟《春秋》乎！罪我者，其惟《春秋》乎！'"（《孟子·滕文公下》）

孔子之后，战国前期出现的两部史书，《左传》和《国语》，似乎都与左丘明有关。《左传》旧说以为是用来传注孔子《春秋》的，故全名称《春秋左氏传》。然而《左传》记事下迄鲁悼公四年，即公元前462年，较《春秋》多出17年，所记史实与《春秋》互有有无，似非专门依经作注之书。而左丘明曾为孔子所称道，所谓"匿怨而友其人，左丘明耻之，丘亦耻之"（《论语·公冶长》），似较孔子年长，断难记述到战国时事。其实，司马迁称左丘明为"鲁君子"，称《左传》为《左氏春秋》，班固言左丘明为鲁国太史，都是值得注意的。故今人或以为，《左传》基本史实原为鲁瞽矇太史左丘明所诵，传至战国，魏国孔门后学以《春秋》为纲，据左丘明所诵，参以其他史料和传闻，并补记时事，作成《左传》[1]。其说还是中肯的。这样，《左传》就也应属于私人撰史的范畴。

《国语》有别于《左传》又与之有密切关系。所记范围虽有部分西周史实，但同样以春秋史实为主要内容，作者同被目为鲁国太史左丘明。按《国语》杂记周、鲁、齐等八国人物、事迹、言论，历史颇不连贯，多重点记载个别事件，似为部分列国历史材料的汇编。其中许多内容包括具体言辞都为《左传》所有，而《左传》远较《国语》系统。这表明《国语》极可能是《左传》撰著过程中所取材的主要素材，取材过程中有所取舍，参照其他史料又有所更易，故造成异同并存的现象。根据司马迁"左丘失明，厥有《国语》"

的说法，这部《国语》的主要部分正应是左丘明所传诵的内容。左丘明身当春秋末世，与孔子感同身受。孔子周游列国传授礼乐知识，又依鲁史作《春秋》以明历史评判；左丘明作为鲁国太史，职业的方便，本掌握着大量本国史实；而有意更广泛地收集别国史料，则已超出本职范围，作为一种个体的主观行为，其用意与孔子当无二致。因此，《国语》虽出自太史，亦当视为私人传诵的性质。

大多成文于战国中后期、后为汉代刘向纂辑而成的《战国策》，其私人撰述的性质更为明显，严格讲它们已经很难称为史著，题材专重策士说客及能言善说之士的智巧谋略和举事言谈，所述常常不著时间、地点甚至人物名姓，似为当时纵横家及策士说客为揣摩扭转时局、说服人主之术而有意收集的历史故事和亲自拟作的记述散文。

私人著述，打破了官方史记刻板、简明的固有模式，表达的需要，表述的自由，个人才华和特点的发挥，都使此时的记述散文在语言表述艺术方面有了长足的发展，而且形成了各自不同的风格和偏重。

《左传》：叙事曲尽其妙

孔子《春秋》记述春秋史实十分简要，还只能算是一部叙史大纲，与《春秋》同为编年体的《左传》，对历史事件则展开了充分的描述，比如郑庄公与其弟共叔段尖锐矛盾以至发生战争一段，《春秋》只有"郑伯克段于鄢"六个字，《左传》却记了洋洋七百字，其繁简于此可见一斑。篇幅骤增，而且采用了大量近乎文学性的叙事构思、描写手段，从而使许多记述曲尽其妙，引人入胜，美不胜收。

首先，作为编年体的历史著作，逐年逐月记述历史事件，时间脉络清晰而有序，却容易破坏跨度时间较长的事件的整体效果；《左传》叙事的艺术就在于注意运用前后呼应、倒叙、插叙等各种手法，以保证历史事件的完整性和对前因后果来龙去脉的充分展示和交待。《左传·成公二年》"齐晋鞌之战"的写法是典型的前有伏笔、后有照应。齐晋在鞌地的这场战争，发生于成公二年，本是受齐国攻伐的鲁、卫到晋国"乞师"而引起，而晋主将郤克之所以痛快出师，并英勇拿下这场战争，则是与他曾在齐国受辱、发誓报仇有很大的关系。于是《左传》在记述这场战争之前，于《宣公十七年》特意记述了郤克出使齐国被齐顷公之母嘲笑的事件，当时郤克就发誓说："所不报此，无能涉河！"这就为后来鲁、卫到晋国专求郤克，郤克率军浴血奋战，晋国一举克齐埋下了伏笔。更值得一提的是，战后第二年，《左传》记齐侯朝于晋，郤克又提到受辱之事，称"此行也，君为妇人之笑辱也"，意思是你受的这次战败之辱，乃是因为妇人之笑，和我们并没有关系。这样，整篇记述也就更加首尾一贯，十分完整了。

《左传·僖公二十三年、二十四年》"晋公子重耳之亡"则是成功运用倒叙手法的杰作。该篇记述流亡公子**重耳**（012）终于返国立为晋文公并开始励精图治的故事，重耳流亡在外十九年的坎坷经历，就是通过倒叙，在这里得到了集中的展现。其中包括因骊姬谮害群公子而被迫逃往狄国、受追捕脱险、在狄与所娶季隗话别、过卫乞食于野人、因安于齐而被姜氏及子犯合谋醉遣、在曹遭受"窥浴"之辱、经郑未受礼遇、在楚约以"退避三舍"、在秦赋诗言志等丰富的片段，

自結履繫

012 《左传》人物晋文公重耳（清光绪武英殿本《养正图解》）

有效地避免了分年记述的支离之感，突出展示了晋公子重耳的成长之路，从而成为一篇优秀的独立成章的叙事作品。

《左传》叙事的艺术色彩还表现在记述注意故事性、戏剧性和生活情趣化，并通过具体、生动、曲折的叙述描写，有意追求一种扣人心弦、引人入胜的审美效果。比如《左传·宣公二年》"晋灵公不君"，记述晋灵公与晋正卿赵盾的冲突，即把人们带进了当年那你死我活的宫廷斗争之中。矛盾是由晋灵公"不君"引起的。晋灵公淫乐无度，不像个国君，竟到了"从台上弹人，以观其避丸"的地步，赵盾作为当时的正卿，看在眼里，急在心上，也就顾不得个人后果，对晋灵公激烈批评和劝谏，晋灵公深以为患，遂生杀心，于是情势变得骤然紧张：

> （公）使鉏麑贼之。晨往，寝门辟矣。盛服将朝，尚早，坐而假寐。麑退，叹而言曰："不忘恭敬，民之主也！贼民之主，不忠；弃君之命，不信。有一于此，不如死也。"触槐而死。

> 秋，九月，晋侯饮赵盾酒，伏甲将攻之。其右提弥
> 明知之，趋登曰："臣侍君宴，过三爵，非礼也。"遂扶
> 以下。公嗾夫獒焉。明搏而杀之。盾曰："弃人用犬，虽
> 猛何为！"斗且出，提弥明死之。

晋灵公派鉏麑去刺杀赵盾，鉏麑一大早前去，正赶上那里寝门已开，赵盾穿戴整齐准备上朝，时间尚早，遂坐在席中打开了瞌睡。这种情形对于行刺可谓易如反掌，读者不免为赵盾深深捏一把汗。在这关键时刻，不料情势突转，鉏麑轻轻退了出去，既不忍杀害这样忠心耿耿的一位大臣，又不能随便违背国君的命令，两难之中只好选择"触槐而死"。我们为鉏麑的壮举感到惊叹，又因赵盾脱险而松了口气。但一波刚平，一波又起，晋灵公又在酒宴上设下埋伏，多亏提弥明眼疾手快，及时扶赵盾下堂，与晋灵公嗾出的猛狗搏斗，并为此献出了生命。

下面，在这惊心动魄的一幕尚未结束之时，作者又笔锋一转，插叙了一段"翳桑饿人"的往事。当时赵盾狩猎首阳，在翳桑遇一饿人，不但热情相救，还另外送给饿人肉食带给母亲。这个

插曲使叙事曲折、起伏，也为最后赵盾的突围留下了契机。于是，当画面重又回到激烈的搏斗现场时，出现了一位"倒戟以御公徒"的人，保护赵盾脱离了险境。当赵盾问对方为何人时，对方的回答已在人们的预料之中："对曰：'翳桑之饿人也！'"

就这样，一个场面接一个场面，一场虚惊接一场虚惊，情节发展波澜起伏，又环环相扣，读来使人欲罢不能。

它如《宣公十五年》记述秦伐晋，晋大夫魏颗败秦师于辅氏，擒获了秦师中的大力士杜回。接着作品以"初"字开头，引出一段往事，并交待了获杜回的经过：

> 初，魏武子有嬖妾，无子。武子疾，命颗曰："必嫁是。"疾病，则曰："必以为殉！"及卒，颗嫁之，曰："疾病则乱，吾从其治也。"及辅氏之役，颗见老人结草以亢杜回。杜回踬而颠，故获之。夜梦之曰："余，而所嫁妇人之父也。尔用先人之治命，余是以报。"

魏颗没有听从父亲病重后所说用嬖妾殉葬的话，而是按照他先前所说让这个嬖妾另外嫁了人，没

想到嬖妾的父亲竟在关键时刻帮了他大忙。这段
叙事前有因，后有果，真人实事，又既巧且妙，
遂构成一段善有善报的美丽故事，"结草"遂成
为知恩图报的典故。

当然，《左传》叙事最突出的成就还是在于
描写战争。春秋时代重大的战事，诸如晋楚城
濮之战、秦晋殽之战、晋楚邲之战、齐晋鞌之
战、晋楚鄢陵之战等等，都既能把战事的前因后
果、复杂关系、局势发展等等交待得一清二楚，
又不惜笔墨地穿插大量具体的情节、场面、细节
和人物对话，常常给人以如临其境的感觉。《左
传·僖公三十二年》《三十三年》"秦晋殽之战"
写秦国远徙攻郑未果、返回途中在殽地遭到晋师
截击的历史事件，其中就由蹇叔劝阻挨骂、蹇叔
哭送秦师、弦高犒秦师以救郑、皇武子辞秦客、
晋败秦师于殽、先轸因晋侯放掉秦帅"不顾而
唾"、秦伯悔过"乡（向）师而哭"等一个个情
节构成，描写十分生动具体，富于故事性。《左
传·宣公十二年》"晋楚邲之战"写晋、楚因围
郑救郑而引起的一次争霸之战，其中记到楚将围
绕着是否与前来救郑的晋师交锋发生了争执，便

有了一场饶有兴味的对话：

> ……闻晋师既济，王欲还，嬖人伍参欲战，令尹孙叔敖弗欲，曰："昔岁入陈，今兹入郑，不无事矣；战而不捷，参之肉，其足食乎?"参曰："若事之捷，孙叔为无谋矣；不捷，参之肉将在晋军，可得食乎?"

一个欲战，一个欲止；孙叔敖口口声声要食伍参之肉，足见火气不小；伍参接着对方的话茬，竟不温不火，揶揄他说，若战胜了，就证明你孙叔敖无谋，若战败了，我的肉就会丢在晋国，你想吃还吃不着。这段对话描写生动有趣，人物、情景都如在目前。接下来伍参说动楚王，晋楚交战，晋因三军号令不一而大败，作品写晋师撤军的混乱，更是一句抵得数句：

> 中军下军争舟，舟中之指可掬也。

为争渡船逃命，先上船的人以乱刀砍那争攀船舷的人的手，落在船中的手指竟然成捧，其惨状可想而知，晋师的毫无组织可见一斑。《左传·成公十六年》"晋楚鄢陵之战"中"楚子登巢车以望晋军"一段，又是侧面描写的绝妙文字：

> 楚子登巢车以望晋军，子重使太宰伯州犁侍于王
> 后。王曰："骋而左右，何也?"曰："召军吏也。""皆
> 聚于中军矣!"曰："合谋也。""张幕矣!"曰："虔卜
> 于先君也。""彻幕矣!"曰："将发命也。""甚嚣，且
> 尘上矣!"曰："将塞井夷灶而为行也。""皆乘矣，左
> 右执兵而下矣!"曰："听誓也。"……

这里晋、楚又一次因伐郑救郑而引起大战，只不
过这次伐郑的是晋，救郑的是楚。二师遇于鄢
陵。战前，楚王登上因高而以"巢"为名的兵
车，观望晋师的动静，令尹子重特意让从晋逃来
的伯州犁跟在后面。于是楚王、伯州犁一问一
答，作品通过楚王的观察、伯州犁的解说，展开
了对晋师战前准备的详尽描述。只见他们先是有
人骑马左右奔跑，原来是在召集军吏；然后都聚
在中军，一起谋划；接着张开大幕，虔诚地占
卜；完事后撤掉大幕，即将发布命令；后来便人
声鼎沸，尘土飞扬，那是在填井平灶准备背水一
战了；最后只见战士们都整装肃立，在聆听主帅
发布誓师的命令。就这样，这段文字角度新颖，
引人想象，一处着笔，两处见状，确是极富于表

现力的文字。

《左传》这些成功的描写，应该说在很大程度上已经突破了纯粹记史的范畴，进入了文学叙事的领域，说它们具有审美价值，是一点也不为过的。

《国语》：

记言精彩隽永

与《左传》不同，《国语》的特点恰恰不在叙事，而在记言，其中既包括主要篇幅用于记言的文体特征，也包括所记言论的文采和水平，这只要拿二书同记的晋公子重耳的故事作一下比较即可看出。

《左传》记述重耳流亡至齐，"齐桓公妻之，有马二十乘"，重耳便打算从此安居齐国，不再图谋返晋成就事业了。就是在这种情况下，发生了"姜与子犯谋，醉而遣之"的故事，深明大义的重耳之妻姜氏为了敦促丈夫成就大事，在劝行不成的情况下，只得与重耳舅氏子犯合谋灌醉重

耳，强行把他送出齐国。这时，《左传》记重耳
醒来发现实情后的反应，只有一句话："醒，以
戈逐子犯。"

　　《国语》记此事与《左传》全同，但记言远
远多于《左传》，特别是记重耳醒后"以戈逐子
犯"时二人的对话，是《左传》全无的：

> 　　姜与子犯谋，醉而载之以行。醒，以戈逐子犯，
> 曰："若无所济，吾食舅氏之肉，其知餍乎！"舅犯走
> 且对曰："若无所济，余未知死所，谁能与豺狼争食？
> 若克有成，公子无亦晋之柔嘉，是以甘食。偃之肉腥
> 臊，将焉用之？"遂行。

重耳因愤怒之极，手持兵戈追逐子犯，还狠狠地
说若最终不能成功，即使吃掉舅氏的肉也不会解
恨的；子犯一边跑着躲避，还一边打趣回话，说
是若事不成，死无葬身之地，将为豺狼所吃，你
重耳怎敢与豺狼争食？若事有成，你重耳当了国
君，什么好吃的没有？我的肉又腥又臊，你哪里
还肯吃呢？这段对话的确精彩，且十分幽默有
趣，较《左传》别有所长。

　　《国语》记言的名篇还是《周语上》中的

"邵公谏弭谤"。周厉王暴虐无情，国人对此怨声载道。邵公把民情告诉厉王，希望他能收敛一些，厉王不但不听，还从卫国找来巫婆，"使监谤者。以告，则杀之"。于是"国人莫敢言，道路以目"。这时厉王便不无得意地告诉邵公："吾能弭谤矣，乃不敢言！"邵公认为这只不过是"障之"而已，并不能真正解决问题，而且这样下去还会十分危险。就是在这种情况下，邵公发表了他那段十分著名的言论：

> 防民之口，甚于防川。川壅而溃，伤人必多；民亦如之。是故为川者决之使导，为民者宣之使言。……民之有口，犹土之有山川也，财用于是乎出；犹其有原隰衍沃也，衣食于是乎生。口之宣言也，善败于是乎兴。行善而备败，其所以阜财用衣食者也。夫民虑之于心而宣之于口，成而行之，胡可壅也？若壅其口，其与能几何？

这段说辞不但道理深刻，发人深省，比喻也十分贴切、生动，耐人寻味，原本是很有说服力的，只可惜对厉王说这些话简直像是在"对牛弹琴"，他根本听不进去。结果是他自己倒霉，三年后国

人终于忍无可忍，"川壅而溃"，群起造反，把他
流放到彘去了。

　　与邵公这种谆谆教诲比起来，《国语·晋语
八》中"叔向谏杀竖襄"一篇则另有一种"寓
庄于谐"的格调。那日晋平公射鴳不死，便让他
的竖（小臣）襄去捕捉，结果竖襄没捕到，让那
鴳给跑掉了。平公大怒，把竖襄抓了起来，就要
把他杀掉。晋臣叔向听到了这件事，当晚谒见平
公，要制止这件事，嘴上却口口声声要平公赶快
杀掉竖襄：

> 君必杀之！昔我先君唐叔，射兕于徒林，殪，以为
> 大甲，以封于晋。今君嗣吾先君唐叔，射鴳不死，搏之
> 不得，是扬吾君之耻者也！君其必速杀之，勿令逸闻！

比起先君射杀兕牛，你平公连个鴳鸟都射不死，
还得让小臣去捕捉，这种事还是不要张扬的好，
要杀就快杀吧，省得一传十，十传百。这就是正
话反说的学问了，试想，杀掉竖襄，人们问起
竖襄被杀的原因，这事岂不是欲盖弥彰么？平
公自然不会听不出话外之音。于是，"君忸怩
颜，乃趣赦之"，急急忙忙让人去把竖襄放了出

来。叔向这种聪明巧妙的劝谏语言，颇有些滑稽谐趣的味道，使人读来兴味盎然，开了后代谐趣文的先河。

当然，《国语》的重头文章还是《越语》所载"句践灭吴"的历史事件。说起来，越王句践卧薪尝胆，十年生息、十年教训，最后终于灭掉吴国、报仇雪耻，这个故事本身，就有一种震撼力量，《国语》中的《越语》《吴语》最早记下了事件的全过程，记述方面就有其不可替代的历史价值。但就文章而言，在这一记载过程中，给人印象最深的也是人物的语言。比如其中记载越王句践被吴打败退保会稽，号令三军时所发的誓言：

> 凡我父兄、昆弟及国子姓，有能助寡人谋而退吴者，吾与之共知越国之政。

就从这几句话中，越王句践那与吴誓不两立的决心、全都豁出去的架势，就已经凸显无遗了。

总之，尽管就艺术欣赏而言，《国语》总体上不如《左传》，但其中有些成功的篇章，却以它长于记言的特点，在中国审美文化史上占据了一席之地。

《战国策》：

写人各具异采

《战国策》是先秦时代一部最富于文学色彩的散文著作，而且，作为战国中后期已经比较成熟的记述散文，与《左传》的长于叙事、《国语》的长于记言不同，《战国策》的特点恰恰在于既有以叙述描写取胜的杰作，更有以精彩辞说叫绝的佳品，而无论写事还是记言，都围绕着人物的塑造来展开，所以若说《战国策》的特点，人物描写才是它最突出的贡献。

《战国策》写人艺术的总体特点在于不同寻常。一方面，就取材而言，其中所有的人物都是因其在某个方面的特殊表现才进入记述和描写的视野的；另一方面，就写法而言，这些人物的特点又多被漫画式地突出放大，这样，《战国策》就为中国审美艺术画廊推出了一个又一个特点各异的人物形象，无不使人印象深刻而难忘。

《战国策·秦策》"苏秦始将连横"中的苏秦是以其个人奋斗的经历和大落大起的境遇引人注目的。作为战国时代以才学谋生的游说之士，他开始为自己选定的活动舞台本是秦国，打算从事的事业本是"连横"，可惜并未得到秦惠公的赏识，游说以失败而告终。文章写他落魄而归：

> 说秦王书十上而说不行。黑貂之裘弊，黄金百斤尽，资用乏绝，去秦而归。羸縢履蹻，负书担橐，形容枯槁，面目犁黑，状有归（愧）色。归至家，妻不下纴，嫂不为炊，父母不与言。

这种遭遇并没有使苏秦从此一蹶不振，反而更加激发出他一定要出人头地、"取卿相之尊"的决心和志向，连夜翻箱倒柜，把太公《阴符》之类谋略之书都摆了出来，"伏而诵之，简练以为揣摩，读书欲睡，引锥自刺其股，血流至足"。功夫不负有心人，一年之后，已经洞察战国时局并习得满腹韬略的苏秦转而至赵，游说赵王合纵抗秦，一举成功，"封为武安君，受相印。革车百乘，锦绣千纯，白璧百双，黄金万镒，以随其后"，更重要的是，他"约从（纵）散横"，"横历天下"，成了战国时代一时间左右时局的风云人物。这个时候，文章不无用心地又一次描写了苏秦归家的情形：

> 将说楚王，路过洛阳。父母闻之，清宫除道，张
> 乐设饮，郊迎三十里。妻侧目而视，倾耳而听；嫂蛇
> （蛇）行匍伏，四拜自跪而谢。

用今天的眼光来看，这段描写典型地写出了当时
人情世态的炎凉，但作者在这里突出的却是苏秦
奋斗成功、衣锦还乡时的显赫。就是在这些不无
夸张的极度对比的描写中，一个个人奋斗的游士
形象突显了出来。

《战国策·齐策》"冯谖客孟尝君"中作者
对见识卓绝的食客冯谖的塑造，同样是在抑扬
反差式的描写中显示了其与众不同的才能和素
质。冯谖"贫乏不能自存"，寄食孟尝君门下，
自称"无好"，"无能"，却动辄弹铗而歌，曰：
"长铗归来乎，食无鱼！""长铗归来乎，出无
车！""长铗归来乎，无以为家！"这种反常和无
理本身就颇吊人胃口。而当孟尝君需要有人"习
计会"、为他"收责（债）于薛"、独冯谖署曰
"能"时，"弹铗而歌"要待遇的表现似乎才有了
答案。只是冯谖"驱而之薛"后唯一做的事就是
简单地矫命把债券一把火烧掉，又不免有些出人

意料。不过，只要我们听过冯谖回答孟尝君"以
何市而反"的问题后，就会真正发现他的"能"
是在哪里了：

> "以何市而反？"冯谖曰："君云：'视吾家所寡有
> 者！'臣窃计君官中积珍宝，狗马实外厩，美人充下
> 陈；君家所寡有者，以义耳，窃以为君市义。"

孟尝君已经说了，待收完债后，视他家所
"寡有者"买回来。于是，冯谖买回了他家所缺
的东西。原来，冯谖用焚烧债券、免除薛人所有
债物的办法，为孟尝君买来的是"义"，是人心，
还有比这"人心"更贵重的吗？当孟尝君一朝失
势回到薛地、"民扶老携幼，迎君道中"时，他
才真正懂得了冯谖所谓"市义"的含义之所在，
读者也记住了冯谖的非凡之所在。

《战国策·齐策》"颜斶说齐王贵士"中的颜
斶、《魏策》"唐且为安陵君劫秦王"中的唐且、
《燕策》"荆轲刺秦王"中的荆轲等高士、侠士形
象，又都是以在威势面前凛然无畏的精神风采夺
人眼目的。

齐宣王召见颜斶，习惯性地说了一句"斶

前"，招呼颜斶走到自己跟前来，万万没想到颜
斶竟也来了一句"王前"，让堂堂君王走到他面
前去。宣王自然不悦，大臣们也纷纷批评："王，
人君也；斶，人臣也；王曰'斶前'，斶亦曰'王
前'，可乎？"颜斶的回答精彩而发人深省："夫
斶前为慕势，王前为趋士，与使斶为慕势，不如
使王为趋士。"可惜宣王仍抹不下面子，愤然作
色曰："王者贵乎？士贵乎？"颜斶最令人叫绝
的就是下面斩钉截铁的回答："士贵耳，王者不
贵！"好一个"士贵耳，王者不贵"！只这一句
话，就把战国时代士阶层特有的自信和狂傲，和
盘托了出来。

　　唐且则是作为安陵君的使者立在了秦王的
面前，而这已经是在秦王要以五百里向安陵君
换地（实为索地）不成而"不悦"的情况下。
尽管如此，在秦王面前，唐且仍毫无惧色，满
不在乎地宣称："安陵君受地于先王而守之，虽
千里不敢易也，岂直五百里哉？"这使秦王勃
然大怒，以"天子之怒，伏尸百万，流血千里"
相震慑。唐且的独异之处就在于他竟来了个针
锋相对：

> 若士必怒，伏尸二人，流血五步，天下缟素，今日
> 是也。

不等你"伏尸百万，流血千里"，我只要"伏尸二人，流血五步"就已经解决问题了。唐且说罢"挺剑而起"。遇到这敢于与你以死相拼的，你即使有千军万马，又奈他如何？就这样，唐且以他无畏的精神，压倒了秦王的气焰，使这位凌厉六国的天子"色挠""长跪"。当然，这段描写明显是虚构而成的，防范森严的秦王大殿怎能容唐且带剑出入？不过就艺术欣赏来说，这并无大碍，唐且那凛然不可侵犯的精神光彩，已经勃然焕发出来了。

为报燕太子丹知遇之恩而毅然前往刺杀秦王的荆轲，则是真实存在的历史人物，虽然最终是以事败身亡的悲剧为结局，其壮举却彪炳千古，让人震撼。《战国策》自始至终都是以充满感情的笔触来记述这位英雄壮士的。前有"**易水送别**"（013）时的"终已不顾"，后有事败被斩前的"倚柱而笑"：

> 太子及宾客知其事者，皆白衣冠以送之。至易水

此地别燕丹　壮士髮衝冠　昔時人已没　今日水猶寒

邛池漁父 [印]

013　易水送别（马骀《马骀画宝》）

上，既祖，取道，高渐离击筑，荆轲和而歌，为变徵之声，士皆垂泪涕泣。又前而为歌曰："风萧萧兮易水寒，壮士一去兮不复还。"复为慷慨羽声，士皆瞋目，发尽上指冠。于是荆轲遂就车而去，终已不顾。

……

荆轲废，乃引其匕首提秦王，不中，中柱。秦王复击轲，被八创。轲自知事不就，倚柱而笑，箕踞以骂曰："事所以不成者，乃欲以生劫之，必得约契，以报太子也。"

"终已不顾"表现的是面对凶多吉少的前路义无反顾，决不回头；"倚柱而笑"表现的是面对死亡的释然潇洒，蔑视秦王。在这里，一位视义气胜过生命的侠士形象卓然树立了起来。

当然，《战国策》记述更多的还是那些以能言善说为其亮点的历史人物。其中《赵策》"触龙说赵太后"中的触龙、《齐策》"邹忌讽齐威王纳谏"中的邹忌，甚至还有《齐策》中那位不知名的齐人，其说话、讽谏的巧妙、艺术更是令人称绝的。

触龙所面临的说话格局是十分尴尬的，或者

更应该说，正是在说话已经陷入僵局的情况下，触龙才主动出场的。尴尬、僵局的造成者就是那位无论怎么劝都不肯放小儿子到齐国去当人质的赵太后。而且，这位固执的太后已经把话说得很绝："有复言令长安君为质者，老妇必唾其面！"触龙当然不能让赵太后"唾其面"，所以对那已经严阵以待、"盛气而胥之"的老太太，他只字不提"为质"之事，说了一大篇老人之间嘘寒问暖的家常话。其效果是使"太后之色少解"，放松了对触龙的戒备和敌意。接下来触龙仍然不提"为质"之事，却要托自己的幼子于太后，希望让他"以补黑衣之数"，并由此引出妇人和丈夫（男子）究竟谁更爱子的话题，以及到底怎样才算爱子。这时太后已经有了笑模样，并很感兴趣地在跟触龙讨论问题了。再往下，触龙还是不提"为质"之事，而是大谈为什么说赵太后爱长安君其实不如爱嫁到燕国去的女儿那么深。因为对于后者，你明明也心疼难舍，却每祝"必勿使反"（返就意味着被弃或国亡），这是为她长远打算；对于前者，你却不让他"有功于国"，将来让他如何立足？话到此，已经用不着触龙再提

"为质"，赵太后自己倒提出"恣君之所使之"，随你怎么安排长安君都行了。这就是聪明的触龙，他来了个迂回战术，并不面红耳赤，而是轻松话着家常，却成功地使赵太后改变了态度。

比较起来，不知名的齐人遇到了更难以进言的情势，孟尝君的父亲靖郭君打算"城薛"，也就是使自己的封地围起城墙，这就等于是闹"独立王国"，门客多有劝谏，靖郭君执意不听，并下了命令："无为客通！"他已打算闭门塞听了。在这种情况下，那位齐人却想出了让他听的办法：

> 齐人有请者曰："臣请三言而已矣，益一言，臣请烹。"靖郭君因见之。客趋而进曰："海大鱼。"因反走。君曰："客有于此。"客曰："鄙臣不敢以死为戏。"君曰："亡，更言之。"对曰："君不闻大鱼乎？网不能止，钩不能牵，荡而失水，则蝼蚁得意焉。今夫齐，亦君之水也，君长有齐阴，奚以薛为？无齐，虽隆薛之城至于天，犹之无益也。"君曰："善。"乃辍城薛。

原来，齐人用的是"吊胃口"的办法，先是以仅说"三言"（三个字）不然就"请烹"耸人听闻，引起对方听言的兴趣，进而也就可以让对方心平气和地听你讲道理了。

邹忌不用像触龙这样处心积虑，小心翼翼，也不用像"齐人"那样"铤而走险"，他遇到了一件发生在他自己身上而颇耐寻味的事情。城北有位徐公明明比他英俊，可当他问到"我孰与城北徐公美"时，他的妻、妾还有客人竟异口同声，都说"徐公何能及君"。他睡在床上寻思的结论是：

> 吾妻之美我者，私我也；妾之美我者，畏我也；客之美我者，欲有求于我也。

正因为有"私""畏""有求"这些主观因素的作梗，才使他们不能或不敢说出实情，这个结论本不稀奇。邹忌的不同寻常之处就在于他马上由此联想到了朝廷宫中的情形，并有意把自己的故事讲给威王听。于是故事变成了喻体，现身说法取得了奇效。齐威王从此鼓励左右和臣民放弃"私我""畏我""有求于我"的顾虑，尽管进谏，齐国竟因此而大治。这不正是邹忌巧妙讽谏的功效吗？

这就是《战国策》异彩纷呈的人物画廊。读着这些人物的事迹，你尽管可以说他们还不丰满，还不复杂，还太过单一，但你却不得不说，他们是醒目的，特出的，是有着很强的亮点的。

〔1〕　《中国大百科全书·中国历史》第 1639 页，中国大百科全书出版社，
　　　1992 年版。

3

『骋辩腾说』

百家争鸣与诸子散文的多重风格

　　诸子散文，是先秦时代诸子百家表述思想观点的特有形式，是偏于记言、对话和议论的散文著作。战国时代百家争鸣，带给学术界的是思想观点的空前活跃和理论思辨水平的提高，带给审美艺术殿堂的则是讲究说理表述艺术的美文的丰产。有道是"文如其人"，诸子们学理殊途，趣尚各异，个性鲜明，其文章也就人异其面，各显风采。

《论语》：

含蓄蕴藉，警句格言

《论语》是语录体，主要纂辑了孔子日常与弟子交谈的言论，用《汉书·艺文志》的话来说，就是"孔子应答弟子，时人及弟子相与言而接闻于夫子之语也。当时弟子各有所记。夫子既卒，门人相与辑而论纂，故谓之'论语'"。《论语·卫灵公》载"子张问行"，待孔子回答后，"子张书诸绅"，即把孔子的话记在了绅带上，就是"弟子各有所记"的证明；《论语·季氏》载陈亢问孔子之子伯鱼有没有从孔子那里得到些特别的教导，伯鱼把孔子"不学诗，无以言"的话告诉他，则是"相与接闻于夫子之语"的表现。所以，一部《论语》，大多为孔子说话、议论的实录，十分真切地呈现出孔子言谈话语的特有魅力和风格。

孔子曾经为"复礼"做过官，从过政，但那只是短暂的几年，而且以失败而告终。执着的他为自己选择的另外一条"为政"之路就是教育，正如他在回答有人所问"子奚不为政"时所说："《书》云：'孝乎为孝，友于兄弟，施于有政。'是亦为政，奚其为为政？"（《论语·为政》）所

以，终其一生，孔子更是一位循循善诱、诲人不
倦的长者和先生。这样，他说话的特点首先就在
于十分注意因材施教，对症下药，总是有针对性
地答疑或教诲。例如《论语・先进》所载他关于
"闻斯行诸"的不同回答：

> 子路问："闻斯行诸？"子曰："有父兄在，如之何
> 其闻斯行之？"冉有问："闻斯行诸？"子曰："闻斯行
> 之。"公西华曰："由也问闻斯行诸，子曰'有父兄在'；
> 求也问闻斯行诸，子曰'闻斯行之'。赤也惑，敢问。"
> 子曰："求也退，故进之；由也兼人，故退之。"

对于同样一个是否听到就干起来的问题，孔
子却做了两样回答，难怪公西华感到不明白。原
来孔子这是在因人而异地调教弟子，冉有为人有
些退缩，故孔子鼓励他大胆一些，少些顾虑，说
干就干；子路的胆子有两个人那么大，凡事都要
抢先，莽撞冒失，所以孔子有意要节制一下他。
那么，这些切中对方要害的回答，对于当事人来
说，都是意味深长的。

孔子教诲弟子多用启发式，从不把话说尽，
留下许多让弟子自己思考和发挥的空间，用他

自己的话来说就是"不愤不启,不悱不发。举一隅不以三隅反,则不复也"(《论语·述而》)。这样,《论语》语句多十分简短,但又常常含蕴深婉,耐人寻味。比如《论语·颜渊》所载孔子回答关于"君子"的问题:

> 司马牛问君子。子曰:"君子不忧不惧。"曰:"不忧不惧,斯谓之君子已乎?"子曰:"内省不疚,夫何忧何惧?"

孔子仅用"君子不忧不惧"六个字来回答如何才算是"君子"这样一个不小的问题,在弟子追问后,也还是只加了"内省不疚"四个字,话语可谓省简之极,但这四个字却包含了做一个君子的一切准则,你只有事事都按当时的道德标准做了,才会内省不疚,问心无愧,一个人能做到问心无愧,还不配做一个君子吗?它如用"爱人"二字回答"仁",用"知人"二字回答"知(智)"(《论语·颜渊》),用"父母惟其疾之忧"回答"孝"(《论语·为政》)等等,也都是言简意赅、发人深省的。

孔子言谈的含蓄蕴藉还表现在常常喜欢用比

喻，论君子人格的坚毅，他会说"岁寒，然后知松柏之后凋也"（《论语·子罕》）；感叹岁月的不待，他会说"逝者如斯（河水）夫，不舍昼夜"（《论语·子罕》）；为弟子的不成器而发火，他恨恨地说"朽木不可雕也，粪土之墙不可杇（粉刷）也"（《论语·公冶长》）；为自己的久而不用而失意，他感叹"吾岂匏瓜也哉？焉能系而不食"（《论语·阳货》）……这些也都耐人琢磨，极有意味。

正因为孔子把丰富深邃的人生感受和哲理思想浓缩在简洁、有味的语句之中，这便使《论语》的语言有明显的警句格言化特点，除上引许多语句已经是人尽皆知的格言之外，其他还有大量耳熟能详的名言警句，例如：

> 温故而知新，可以为师矣。（《论语·为政》）
>
> 学而不思则罔，思而不学则殆。（《论语·为政》）
>
> 知者动，仁者静；知者乐，仁者寿。（《论语·雍也》）
>
> 三人行，必有我师焉。（《论语·述而》）
>
> 欲速，则不达；见小利，则大事不成。（《论语·子路》）

工欲善其事，必先利其器。(《论语·卫灵公》)

人无远虑，必有近忧。(《论语·卫灵公》)

小不忍，则乱大谋。(《论语·卫灵公》)

道不同，不相为谋。(《论语·阳货》)

这些脍炙人口的名言佳句，以其含量的丰厚和语言形式的简洁精巧，千百年来为人所传诵，所习称，已经获得了永恒的生命。

《孟子》:

滔滔雄辩，辞以气盛

孟子一生，长期以他所坚信和抱持的"性善"和"仁政"学说四处游走于各列国君王之间，苦口婆心地诱导劝说；他所生活的时代又正是百家争鸣全面展开的战国中期，要宣传自己的主张，就不得不反对、批驳其他各家各派的理论，应付、招架来自各方面的诘难，正如他自己说的，"予岂好辩哉？予不得已也"(《孟子·滕文公下》)。所以，由他和弟子共同撰成的记录他言论的《孟子》,大多是他与人对话、论辩的文字,已不像《论语》那样简练含蓄,也不以严谨见长,但锋利流畅,富于激情,显示了滔滔雄辩、辞以气盛的文章风格。

孟子喜欢先声夺人,与人对话时无论回答问题还是提出自己的观点,总是理直气壮,信心十足,一开始便以气势占据主动。如《孟子·梁惠王上》:

> 孟子见梁惠王。王曰:"叟!不远千里而来,亦将有以利吾国乎?"孟子对曰:"王!何必曰利?亦有仁义而已矣。王曰何以利吾国,大夫曰何以利吾家,士庶人曰何以利吾身,上下交征利而国危矣。万乘之国,弑其君者,必千乘之家;千乘之国,弑其君者,必百乘之家。万取千焉,千取百焉,不为不多焉,苟为后义而先利,不夺不厌。未有仁而遗其亲者也,未有义而后其君者也。王亦曰仁义而已矣,何必曰利?"

梁惠王以"利国"问孟子,一个"利"字,让孟子反感。所以,孟子断然以只谈"仁义"的态度截住对方的言路,而且回答得斩钉截铁。下面接着便是言"利"之弊,言"仁义"之益,论得振振有辞,不容置疑。孟子文章这种充沛的气势，来自他内在的精神力度。正如他自己说的，"我善养吾浩然之气"(《孟子·公孙丑上》)。这种"浩然之气"是"配义与道"的，有坚定的志向、自我肯定的信念和由信念而生的无畏作支撑，故"至大至刚"，表现在言辞和文章中，才有毫不闪避的率直和必胜无疑的辞气，并由此生出摄人心魄的力量。

《孟子》辩论文的魅力，还在于其中所显示出的丰富、绝妙的论辩艺术。

比如孟子最擅长用的手段之一，用人们形象化的说法就是"善设机巧，引人入彀"，即通过巧妙的发问，使对方陷入矛盾，由此争取到论辩的主动，甚至不辩已胜。《孟子·滕文公上》"有为神农之言者许行"中孟子的善问即令人称绝。农家代表许行主张"贤者与民并耕而食，饔飧而治"，这与儒家强调贤人君子的治民、教化作用是相左的，所以当由师从儒家转而学农的陈相津津乐道地把许行的主张复述给孟子时，孟子十分光火，回击势在必行；而要驳倒农家的主张，从社会分工的角度立说是最有效的途径。于是孟子开始了发问：

孟子曰:"许子必种粟而后食乎?"

曰:"然。"

"许子必织布然后衣乎?"

曰:"否,许子衣褐。"

"许子冠乎?"

曰:"冠。"

曰:"奚冠?"

曰:"冠素。"

曰:"自织之与?"

曰:"否。以粟易之。"

曰:"许子奚为不自织?"

曰:"害于耕。"

曰:"许子以釜甑爨,以铁耕乎?"

曰:"然。"

"自为之与?"

曰:"否。以粟易之。"

"以粟易械器者,不为厉陶冶;陶冶亦以械器易粟者,岂为厉农夫哉?且许子何不为陶冶,舍(啥)皆取诸其宫中而用之?何为纷纷然与百工交易?何许子之不惮烦!"

曰:"百工之事,固不可耕且为也。"

各行各业，本来就不是能一边耕地一边同时干的，陈相在孟子步步追问下说出的"百工之事，固不可耕且为也"，与他们所谓"贤者与民并耕而食"的主张岂不正相矛盾？而这恰恰是孟子所要的结果。当陈相已经替孟子说出他想说的话后，也就再无论争的余地，接下来便只有乖乖听孟子滔滔不绝渲染"有大人之事，有小人之事"的份了。

有问就有被问。孟子的善辩还表现在极能应付对方的追问和诘难，使辩说总能立于不败之地。比如《孟子·梁惠王下》中齐宣王就"武王伐纣"难孟子的一节：

> 齐宣王问曰："汤放桀，武王伐纣，有诸？"孟子对曰："于传有之。"曰："臣弑其君，可乎？"曰："贼仁者谓之贼，贼义者谓之残。残贼之人，谓之'一夫。'闻诛一夫纣矣，未闻弑君也。"

儒家主张君臣秩序，儒家又非常推崇夏禹商汤周文王的三代之治，齐宣王的问题，确乎从理论上故意给孟子出了个两难的命题，按照形式逻辑法则，二者必居其一，肯定君臣秩序，就必然否定均以革时王之命而立国的三代开国之君；肯定这三代之君的做法，就又等于否定了君臣秩序，鼓励"臣弑其君"。但这对于善辩的孟子来说仍不成问题，他及时来了个巧换概念，像纣这样不仁不义的君王只能称作"一夫"，这就不存在"臣弑其君"的问题了。

孟子的善辩、好辩，还在于面对对方刁钻式的发难，他会"以其人之道还治其人之身"，显得咄咄逼人，无往不胜。《孟子·告子下》有一段关于"礼与食色孰重"的辩论，就极见孟子善辩的秉性。其实一开始被问的是孟子的弟子屋庐子，问者是任地一个不知名姓的人士，姑且称作"任人"。任人的问题是"礼与食孰重""礼与色孰重"，作为儒家门派中的一员，屋庐子自然回答的都是"礼重"。这时，任人开始故意出难题了："以礼食，则饥而死，不以礼食，则得食，必以礼乎？亲迎，则不得妻，不亲迎，则得妻，必亲迎乎？"

这些问题确实让屋庐子难以回答。但当屋庐子把这件事告诉孟子后，孟子却说"於，答是也，何有"，在他看来这个问题太容易回答了。

因为他马上抓住了任人比较方式的不规范之处：

> 不揣其本，而齐其末，方寸之木可使高于岑楼。金重于羽者，岂谓一钩金与一舆羽之谓哉？取食之重者与礼之轻者而比之，奚翅（岂止）食重？取色之重者与礼之轻者而比之，奚翅（岂止）色重？

任何比较，都应该是在同样的水平、起点上的，把饥而死、不得妻这样严重的情况与食礼、亲迎礼这些具体的礼节放在一起加以比较，当然难以比出孰轻孰重，甚至还会得出食重、色重的结论。其实孟子明白，任人这是故意诡辩，那就不客气了，我也给你来个不平等比较，只不过正好相反，我是要拿礼之重者与食、色之轻者作比较，看你又能怎么回答。于是，他要屋庐子回去问任人：

> 紾兄之臂而夺之食，则得食，不紾，则不得食，则将紾之乎？逾东家墙而搂其处子则得妻，不搂，则不得妻，则将搂之乎？

可以想象，在孟子这些同样刁钻的问题面前，任人也会被问得哑口无言的。由此，他或许就该明白自己逻辑上的毛病所在了。

孟子曾十分自信地对人说他善"知言","诐辞知其所蔽，淫辞知其所陷，邪辞知其所离，遁辞知其所穷"（《孟子·公孙丑上》），即不全面的言辞知道它的片面性之所在，过分的言辞知道它的失足之所在，不合正道的言辞知道它与正道的分歧之所在，躲躲闪闪的言辞知道它理屈之所在。从孟子文章这些辩论文字来看，他还是没有太过自夸的。

《孟子》文章最鲜明地显示出了战国时代百家争鸣的气氛，文章本身也让我们最强烈地感受到了说理论辩所独具的语言魅力。

《庄子》：

寓意玄远，恢怪不经

战国诸子比较而言，庄子文章中的理论命题是最抽象的，他不像其他诸子那样热衷于对社会政治中的诸多具体问题说来道去，而是沉浸在对绝对、永恒、无所不在又无名无状的

"道"的体悟之中，哲思深奥而玄远；然而，庄子文章又是最形象化的，他"以天下为沉浊，不可与庄语"（《庄子·天下》），很少正面发表严正的议论，而是寓抽象的哲理于形象的描绘、故事的表现和杜撰出的人物对话之中，反而成为诸子散文中最具有文学性和审美意味的上品佳作。

庄子用寓言传达哲理，首先就表现在借他人之口阐述自己观点的奇特方式上，我们不妨称之为"寄寓之言"，这正是《庄子》一书所谓"寓言"的本义。需要指出的是，在追求身与物化、与道合一的庄子这里，天、地、人、物都是浑然一体的，那么所谓"借他人之口"的"他人"，除了人之外，也还包括了所有被人格化的动物、植物和山水。《秋水》中有一段阐述万物齐一的相对论观点，就是通过河与海的对话说出来的：

秋水时至，百川灌河，泾流之大，两涘渚崖之间，不辩（辨）牛马。于是焉河伯欣然自喜，以天下之美为尽在己，顺流而东行，至于北海，东面而视，不见

水端。于是焉河伯始旋其面目，望洋向若而叹曰："野
语有之曰，'闻道百，以为莫己若者'，我之谓也。且
夫我尝闻少仲尼之闻而轻伯夷之义者，始吾弗信。今
我睹子之难穷也，吾非至于子之门，则殆矣。吾长见
笑于大方之家。"北海若曰："……今尔出于崖涘，观
于大海，乃知尔丑，尔将可与语大理矣。天下之水，
莫大于海，万川归之，不知何时止，而不盈；……此
其过江河之流，不可为量数。而吾未尝以此自多者，
自以比形于天地，而受气于阴阳，吾在天地之间，犹
小石小木之在大山也。"

尽管河水涨得"两涘渚崖之间不辩（辨）牛马"，
但比起"不见水端"的大海，还是要自惭形秽得
多；大海就算是大的了吗，海神若却说，他比形
于天地之间，"犹小石小木之在大山也"。正可谓
大之外还有大，小之外还有小，究竟谁算大、谁
算小呢？海神若郑重其事地告诉河伯，只有明白
了这一点，才可以"与语大理矣"。其实，这也
正是庄子要告诉我们的。

　　《庄子》一书中还有大量生动的寓言，哲理
就蕴含在所描绘的具体形象之中，形象和意义

构成了完整的比喻关系。比如庄子要表现返璞归真、摒弃人为的境界追求，便讲了一个"倏忽凿浑沌"的故事：

> 南海之帝为倏，北海之帝为忽，中央之帝为浑沌。倏与忽时相与遇于浑沌之地，浑沌待之甚善。倏与忽谋报浑沌之德，曰："人皆有七窍，以视、听、食、息，此独无有，尝试凿之。"日凿一窍，七日而浑沌死。（《庄子·应帝王》）

倏神和忽神本来是要报答浑沌，让他能看能听，有知有识，结果却是害了浑沌，真可谓好心办坏事到了极点。当然，这其实是庄子所描绘的人类社会文明进化的一个缩影，倏、忽象征的是时间的车轮，浑沌是自然原始的状貌，随着时间的推移，人类越来越多地拿自然开刀，其结果只能是造成最大的悲剧。

诸如此类的寓言在《庄子》中举不胜举，像以"庖丁解牛"喻游刃养生之道（《庄子·养生主》），以"坎井之蛙"比见识短浅之人（《庄子·秋水》），以"佝偻承蜩"阐凝神悟道之理（《庄子·达生》），以"匠石运斤"

抒知音难得之情(《庄子·徐无鬼》)等等,无不寓意深奥,形象鲜明,使人读来兴味盎然,又颇耐咀嚼。

这些寓言还让我们似乎置身在一个光怪陆离的非现实世界之中。的确,《庄子》在战国诸子散文中的别具一格之处就表现在想象十分丰富奇特,赋予万事万物以鲜活的生命,从而极富神奇怪异的色彩。这里蜩与学鸠能开口讥笑大鹏高飞(《庄子·逍遥游》),东海之鳖能尽情畅谈"大海之乐"(《庄子·秋水》);其大能蔽千牛的栎树被匠石的一句"散木"所激恼,托梦骂匠石:"而几死之散人,又恶知散木!"(《庄子·达生》)车辙中向人求救的鲋鱼因庄周说要"激西江之水而迎子",忿然变脸色:"曾不如早索我于枯鱼之肆!"(《庄子·外物》)

更有趣的是,在《庄子》中,不只是动物、植物、山水自然,就连影子、目、心、知、大力乃至道等等,也都是可以拟人化的。"罔两问景",就是影子的影子问影子:"曩子行,今子止,曩子坐,今子起,何其无特操与?"(《庄子·齐物论》)"夔怜蚿,蚿怜蛇,蛇怜风,风怜目，目怜心"，因为夔一足，不免羡慕百足的蚿，蚿多足，又羡慕无足而穿行的蛇，蛇有体又羡慕无体而有力的风，风有力则羡慕不费力而远视的目，目有限又羡慕思接千里的心（《庄子·秋水》）。黄帝游昆仑，遗失了一颗玄珠，"使知（智）索之而不得，使离朱（目明）索之而不得，使喫诟（大力）索之而不得也，乃使象罔，象罔得之"（《庄子·天地》），这唯一能为黄帝找回玄珠的无所不能的"象罔"，不就是无形体无声色的"道"的化身？至于《逍遥游》中"肌肤若冰雪，绰约若处子"的藐姑射神人，"不食五谷，吸风饮露，乘云气，御飞龙，而游乎四海之外，其神凝，使物不疵疠而年谷熟"，若不是"道"，谁又能当此化育之功？

《庄子》的神奇怪异，还表现在无论什么事物到了这里，都会变得不同凡响，惊警动人，令人瞠目。比如钓鱼，这本是再平常不过的事情了，《外物》篇中的任公子钓鱼，却惊天动地：

> 任公子为大钩巨缁，五十犗以为饵，蹲乎会稽，投竿东海，旦旦而钓，期年不得鱼。已而大鱼食之，牵巨

> 钧铭（陷）没而下，骛扬而奋鬐，白波若山，海水震
> 荡，声侔鬼神，惮赫千里。任公子得若鱼，离而腊之，
> 自制河以东，苍梧以北，莫不厌若鱼者。

能用五十头牛的牛肉做钓饵，蹲在会稽山上，投竿东海之中，花上整整一年时间，来钓一条大鱼，巨浪滔天，声震千里，这该是何等壮观的景象！再比如战争，这对于当时的人们，也是极习见的事情，《则阳》中，却又让战争发生在蜗牛角上：

> 有国于蜗之左角者，曰触氏；有国于蜗之右角者，
> 曰蛮氏。时相与争地而战，伏尸数万，逐北旬有五日而
> 后反。

与任公子钓鱼的极度夸大正相反，这里则来了个极度的缩小，蜗牛角上竟分别有着两个国家，彼此也要"争地而战"，结果还会"伏尸数万"，这场景恐怕连最高明的微雕大师也难刻画。

　　《庄子》正是以它这醒人耳目的恢怪不经、奇特绝伦，在战国诸子散文中独树一帜、别开洞天的。

《荀子》：

周到缜密，严谨规范

诸子散文到了战国后期的荀子这里，已经发展为成熟、正规的论说文。《荀子》中的文章几乎都是荀子亲笔所作，而不像《论语》《孟子》为弟子所记；内容完全是正面论述，而不像《庄子》那样满篇描写；特别是文章都有了集中、明确的标题，《天论》即是论述天人关系，《劝学》即是鼓励劝勉后天的学习和修养，《王制》即是阐述政治主张等等，标题就是文章的中心和主题。相对而言，这样的文章失去了不少文学的情趣和色彩，但作为正论，自有其科学论证问题所独具的思维力量和语言规范。

荀子虽为战国后期的儒家代表，但他自己却是以兼收并蓄、全面总结诸子百家之学为己任，处处表现出学者式的全面、缜密和扎实。与这种思维和学理的特点相适应，其论说文章也呈现为严谨、周到、细密的文风格调。

就文意而言，荀子文章长于对论题周密全面地展开论证，注意运用分析、综合等论证说理的种种方法，尤其是善于从问题的各个层面、角度和正反方加以解剖和说明。《劝学》在开篇便提出"学不可以已"的中心论点后，即围绕该论点展开了全面论述。首先论"学"之必要，对此，又分别从学可以改变本性、学可以移风易俗、学可以提高智能三个方面加以说明；其次论"学"之法则，对此，又分别从近善而捷、立身为要、持恒必成几个方面加以阐述；最后论"学"之目标，又从"至于礼而止"的方向论到"入乎耳、箸乎心、布乎四体、形于动作"的程度，再论到最终达到"贵其全"的境界。全文关于"学"的论题，可谓面面俱到，思理绵密。《解蔽》集中讨论战国诸家之"蔽"，即认识上的片面性，以及如何解决"蔽"的问题，也作了周密构思。开篇指出"凡人之患蔽于一曲，而暗于大理"后，即开始了层层论述。首先论"蔽"之所以产生的原因，所谓"诸侯异政，百家异说"；其次摆出各有所"蔽"，具体分为人君之蔽、人臣之蔽、诸家之蔽，每一种"蔽"又分别从"蔽塞之祸"与"不蔽之福"一反一正两面立论；最后重点正论"中悬衡"以"解蔽"的种种原则、道理和方法。这些文章无不长篇大论，翔实周到，首尾一贯，系统严整，显示了战国理性精神高扬中思理学理的丰富深厚，令人叹服。

与荀子文章这种论题的集中明晰、文思的周到细密相一致，这些文章结构谨严，语句整齐，多用排偶句法，从而在形式上也给人以严谨规范之感。《劝学》篇其实是处处用比、满篇形象的，但这些比喻已完全被安置在整齐划一的形式框架之中，结果给人印象更深的是它的整饬、对仗和排比：

> 故不登高山，不知天之高也；不临深谿，不知地之厚也；不闻先王之遗言，不知学问之大也。
>
> 强自取柱，柔自取束。邪秽在身，怨之所构。施薪若一，火就燥也；平地若一，水就湿也。
>
> 积土成山，风雨兴焉；积水成渊，蛟龙生焉；积善成德，而神明自得，圣心备焉。故不积跬步，无以至千里；不积小流，无以成江海。骐骥一跃，不能十步；驽马十驾，功在不舍。锲而舍之，朽木不折；锲而不舍，金石可镂。

《天论》中没有这么多比喻的排列，语句依然朗朗上口：

> 天行有常，不为尧存，不为桀亡。应之以治则吉，
> 应之以乱则凶。强本而节用，则天不能贫；养备而动
> 时，则天不能病；修道而不贰，则天不能祸。

这些文章，应该又是另一种美，一种语句修饰之
美，读来也是可以让人赏心悦目的。

《韩非子》：

犀利峻峭，入木三分

韩非作为法家的代表人物，其学说本有明法务实的思理特点；他"为人口吃"（《史记·老子韩非列传》），不长于说，却长于思，长于写，《韩非子》中的文章就都是他进入自己所设置的话语世界，在十分冷静的独思中经过反复斟酌、条分缕析后写出来的。这样，他的文章就明显具有冷峻、犀利甚至刻薄的独特风格，总是层层剖剥、面面分析，鞭辟入里，直指要害。他的文章很少有着意修饰的文采，却自有其令人震撼的逻辑力量。

说到思维、说理的全面周到，严谨细密，韩

非比荀子更有过之，凡事总是全方位地观察、捕捉问题的各个侧面、各种表现，考虑到事情的各种可能性；文字表述上也有意把这种深入的思考和分析十分明晰地表示出来。论人臣成奸，有八术（《韩非子·八奸》）；论人主之失，有十过（《韩非子·十过》）；谈亡国之征，竟一口气列出四十六个"可亡也"（《韩非子·亡征》）。《说难》论谏说人主之术，先论"说之难在知所说之心"，列出三种心理，四种结果；再论可能导致说者身危的各种情况，一连列出七个"如此者身危"；三论可能导致对方误解的方面，即"则以为"如何如何，足有八处；四论须揣摩对方的各种心理，有十一项之多，等等，作者的这种思虑之功，简直令人叹为观止。

　　《韩非子》说理必持之有故，而且为了加强论证的可靠程度，论据必出于历史事实和现实故事，绝不出现玄想和虚夸，《十过》论人主的十种过失，即每一种都有一则历史事实加以佐证，如论因小忠而害大忠，便举了春秋时代晋楚鄢陵之战中子反因竖谷阳进酒而被杀；论因小利而害大利，则举了虞公贪小利假道于晋而亡国。内外

《储说》作为备说的纲要和论据库，更是每一说都准备了正反方面的系列材料，也几乎都是历史事实和故事。这使他的文章虽不具有《庄子》想象的奇特动人之美，却极富于说服力量。

《韩非子》文章的更大特点还在于它们极善于对问题进行逻辑分析，层层推理，步步深入，常常使论证严密得滴水不漏。韩非不可能与人当面论辩，却有着与人辩难的强烈欲望，便在文章中设置了不少对话、辩难的甲方乙方，或曰正方反方，有持论、驳论，甚至还有对驳论的驳论，《难》《难势》《问辩》即是，其擅长逻辑思辨的特点在这些文字中表现得尤为突出。如《难一》中向儒家赞誉尧舜提出质疑的一节就很典型。在该节中，韩非首先摆出问难的靶子，即仲尼赞美舜耕于历山、渔于河滨、陶于东夷以"救败"，"躬藉处苦而民从之"，是"圣人之德化"，然后以一句"或问儒者"，开始了假设中的层层辩驳：

> 或问儒者曰："方此之时，尧安在？"其人曰："尧为天子。"然则仲尼之圣尧奈何？圣人明察在上位，将使天下无奸也。令耕渔不争，陶器不窳，舜又何德而

化？舜之救败也，则是尧有失也。贤舜，则去尧之明察；圣尧，则去舜之德化。不可两得也。楚人有鬻楯与矛者，誉之曰："吾之坚，物莫能陷也。"又誉其矛曰："吾矛之利，于物无不陷也。"或曰："以子之矛，陷子之楯，何如？"其人弗能应也。夫不可陷之楯，与无不陷之矛，不可同世而立。今尧舜之不可两誉，矛楯之说也。

这里首先指出了儒者既赞美尧的明察在上，又赞美舜的德化在下，就像鬻楯与矛者既夸楯的坚不可摧，又夸矛的攻无不克，乃是自相矛盾，不能圆说。这是第一层。进一步，韩非又指出即使只赞誉舜这一方也有问题：

且舜救败，期年已一过，三年已三过。舜寿有尽，天下过无已者；以有尽逐无已，所止者寡矣。赏罚，使天下必行之。……令朝至暮变……奚待期年？

就效率而言，舜这种办法未免也太不可行了，单靠一个舜，又能解决多少问题？相反，实行赏罚，朝令而夕改，哪里用得着一年？这是第二层。再进一步，韩非还指出，其实事必躬亲这种事，即使尧舜也是很难做到的，而凭着权势用法令来纠偏制邪，却是平常人都容易做到的，何必"释易"而"道难"：

> 且夫以身为苦而后化民者，尧舜之所难也。处势而矫下者，庸主之所易也。将治天下，释庸主之所易，道尧舜之所难，未可与为政也。

就这样，针对关于舜的这么一条材料，韩非给剥了三层，而且这三层还是层层深入、步步紧逼、不依不饶的。

《孤愤》论法术之士的孤愤，更是鞭辟入里，你看它论法术之士为什么所遇之难，法术之士所遇之难为什么就会带来亡国之危，足足依次递进为十四论：

一论法术之士要"明察烛私"，"劲直矫奸"，也就是要依法揭露惩治那些营私损国的奸邪之臣，这就势必与那些专宠擅权的"重人"不可两立，因为"重人"恰恰就是倚仗君宠、以权谋私者。

二论"重人"或"当涂之人"因擅事要，掌握实权，便极易得到外内"四助"。

　　三论"重人"不会推举法术之士居位做官，而人主又不能越过那内外"四助"之人而认清贤愚忠奸。于是人主越来越受到障蔽，"重人"越发成为重人。

　　四论"重人"既然得到人主信爱，便愈加得朋党之众，其结果便将"一国为之讼"。

　　五论法术之士本来就没有"重人"那些便利条件，其追求，其职责，反而又要去矫正人主的阿辟之心，总免不了要忤逆人主之意，吃力而不讨好。

　　……

　　十四论重臣欺主，本是罪该万死的，但既然已经造成了智士贤士不从、愚巧之人云集的局面，人主已拿他们毫无办法，如此局面而不亡国者，岂可得乎？

　　这就是韩非的文章。它们是一个口不能畅快言说的人用文章痛快淋漓发表言论的产物。读着这些文字，你会被一种透彻冷静的分析所折服，被其间滴水不漏的逻辑所吸引，被那种辩难、立说的欲望所打动。不读它时，你还以为它枯燥生硬，一旦真的读进去，你会有一种震惊的感觉的。

从上述这五部战国时代最著名的诸子散文著作不难看出，它们的确都已形成了不同的个性风采，《论语》像位深智的师长，《孟子》酷似滔滔不绝的辩家，《庄子》是飘逸洒脱的隐士，《荀子》是严谨扎实的学者，《韩非子》则像断案的老吏和法官。正是从这个意义上，这些本来是议论问题阐述哲理的理论文章，却进入了审美的领域，同样给人以脍炙人口的阅读享受。

4

新声曼舞

雅声渐寂与俗乐的流行

　　春秋末年，一心想挽回周礼的孔子曾"去鲁之卫"，周游列国，一去就是十几年，这是史载凿凿的；而孔子之所以最终下决心离开鲁国，导火索却是"齐人归女乐"的事件。据《史记·孔子世家》记载，鲁定公十三年，孔子任大司寇，齐人惧"孔子为政必霸"，使鲁对齐构成威胁，"于是选齐国中女子好者（美女）八十人"，皆能歌善舞，衣着华丽，同时又选一百二十匹骏马，皆饰以锦绣彩缎，运往鲁国，"陈女乐文马于鲁城南高门外"。当时鲁国的执政者季桓子往观再三，为其所惑，又引鲁君"往观终日，怠于政事"。这使孔子对在鲁国推行礼乐之制感到绝望，于是弃官去鲁。对此，《论语·微子》亦曰："齐人归女乐，季桓子受之，三日不朝。孔子行。"这件事带有某种政治斗争的味道，但却反映出了一个不容置疑的事实，这就是齐人所献"女乐"与礼乐之乐的直接冲突、女乐摄人的魅力和孔子的失落。这是一个序幕，一个预言，整个战国时代的音乐歌舞，就是以这种与周代礼乐相异的俗乐的流行为其特征的。

雅乐的失落与新乐的魅力　"雅乐"即西周制礼作乐以来一直在宫廷各种典礼场合使用的歌乐舞蹈，曾经作为维系宗法等级社会的特殊精神纽带，在人类文化史上有过空前的辉煌。但是随着春秋战国之际周礼的松弛和崩坏，与周礼互为表里的雅乐也渐露疲态，一旦失去了被特别赋予的作为某种身份、等级标志的光环，人们不再因能否享用它们而有什么特别的炫耀，它自身形式的过于平和板滞，内容的偏于伦理说教，以及重复固定的上演模式等等，便显出了弱点所在。这时，与人们获得解放了的各种生命欲望的追求相一致，原本散在民间的率性言情的"俗乐"，便也大大方方地流行开来，甚至公然登上了大雅之堂。这种"俗乐"对于听惯了庄重典雅的礼乐之乐的大人君子们而言，当然会感到耳目一新，故又被称为"新乐"。

在这种新乐面前，雅乐更陷入了尴尬的境地。据《礼记·乐记》记载，战国初年，魏文侯就直言不讳地对孔子弟子子夏说出了他对于这两种乐的真实体验：

> 魏文侯问于子夏曰："吾端冕而听古乐，则唯恐卧；听郑卫之音，则不知倦。敢问：古乐之如彼何也？新乐之如此何也？"

一边是需要强打精神，勉强去听，还唯恐打起瞌睡；一边却是通宵达旦，仍让你兴致勃勃，不知疲倦，这古乐和新乐哪个更有魅力，还用多论吗？作为孔门弟子，子夏当然要极力维护古乐的尊严，遂称古乐为"德音"，"德音谓之乐"，称新乐为"溺音"，"淫于色而害于德"。其实不止子夏，不止儒家，战国许多学派从理论上都反对这种"溺音"，但是审美作为一种本质上诉诸感觉的自由活动，往往是不受理论支配的，正是在一片斥责声中，以郑卫之音为代称的新乐、俗乐反而蓬蓬勃勃地发展起来了。

到了战国中期孟子的时代，当齐宣王公开宣称他所喜欢的音乐不是先王之乐而是世俗之乐时，孟子也只好听其自然了：

> 庄暴见孟子，曰："暴见于王，王语暴以好乐，暴未有以对也。"……他日，（孟子）见于王曰："王尝语庄子以好乐，有诸？"王变乎色，曰："寡人非能好先王之乐也，直好世俗之乐耳。"曰："王之好乐甚，则齐其庶几乎！今之乐犹古之乐也。"……（《孟子·梁惠王下》）

见孟子提到自己"好乐"，齐宣王生怕对方误以

为自己所好的是他们儒家津津乐道的先王之乐，
竟赶忙做出声明。让人怕到这种程度，这对先王
之乐来说，无疑是个莫大的讽刺。事到如今，孟
子已经无可奈何，他也就不再费劲地去劝齐宣王
恢复先王之乐，而只是模棱两可地称"今之乐犹
古之乐"，下面便把话题转到与民同乐的问题上
去了。

　　这种对"雅乐""古乐"或者"先王之乐"
形成如此大的冲击的新乐、俗乐，究竟是一种
怎样的"乐"呢？对此，正面的记载材料不
多，我们反而是要通过时人的批评来作一些侧
面的了解。子夏在回答魏文公"溺音何从出"
的问题时，就不但指出了"溺音"多出自何
处，还批评了它们的"问题"所在，即："郑
音好滥（杂乱）淫志，宋音燕女（耽于女色）
溺志，卫音趋数（促速）烦志，齐音傲辟乔
（骄纵）志。"也就是说，它们或通过繁密急促
的声音，或用摇荡情性的女色，都对人的心志
产生"不良"影响，使人沉迷、动荡、放纵。
此外，《吕氏春秋·本生篇》更指责新乐"靡
曼皓齿，郑卫之音，务以自乐，命之曰伐性之

斧"，也涉及新乐多用美女、淫声、使人耽乐
的特点。

透过这些批评、指责，可以想象新乐就声
音而言，不同于雅乐的平和、中庸，而是自然、
激荡，多给人以强烈的听觉刺激；就内容而言，
多为真情真性的流露和表现，没有任何伦理说
教的意味；就表演而言，多讲究女子的容貌娇
好，服饰华丽，追求观赏的愉悦效果。在礼崩
乐坏、激情迸发的战国时代，这种以追求性情
释放和感官享乐为其特征的新乐的流行，也就
是极其自然的了。

吹竽击筑与讴歌曼舞　　随着礼乐的解体，新乐的流行，乐
舞艺术终于摆脱对礼的附庸，获得
了充分发展的机会，其结果就是器
乐、声乐、舞蹈的相对独立、普遍
发达和演唱技艺的长足进步。

《战国策·齐策》中，苏秦为赵合纵说齐宣

王，首先夸言齐国的繁华强盛，其中就特别提到
了齐都临淄百姓们的娱乐活动：

> 临淄甚富而实，其民无不吹竽、鼓瑟、击筑、弹
> 琴、斗鸡、走犬、六博、蹹踘者。

八项中音乐占了四项，而且全为纯粹的器乐演
奏。其中，吹竽、击筑还是始见于战国记载的新
兴之乐。

说到吹竽，"滥竽充数"的成语是尽人皆知
的，而这个故事恰恰就发生在齐国，发生在齐宣
王的宫廷之上：

> 齐宣王使人吹竽，必三百人。南郭处士请为王吹
> 竽，宣王说（悦）之，廪食以数百人。宣王死，湣王
> 立，好一一听之，处士逃。（《韩非子·内储说上》）

故事本是要讽刺那些没有真本事却掺和在人群中
混饭吃的人，一旦一一考察就露了马脚。这里引
用这个故事却是由此可见齐国人吹竽的音乐活
动。齐宣王喜欢听齐奏，乐队仅吹竽者就要三百
人；齐湣王喜欢听独奏，而且是"一一听之"。
吹竽作为器乐演奏的一项，在这里显然已经是独

立进行的，吹奏形式也已多种多样。

筑是一种形似古筝、有十三根弦、以竹尺击弦发声的弦乐器，击筑即是一种弹拨乐的演奏活动。可以与歌相和，荆轲刺秦王前"易水送别"一节"高渐离击筑，荆轲和而歌"即是（《战国策·燕策》）；也可单独弹奏，据《史记·刺客列传》记载，荆轲事败后，高渐离易姓变名，潜在民间，见宋氏堂上有人击筑，"不觉伎（技）痒"（应劭《风俗通义》引《太史公书》语），禁不住上前指指点点，暴露了身份。可见击筑不但可单独用来艺术欣赏，而且相当普及，并有许多技法讲究了。

与器乐演奏的艺术化发展相同步，徒歌、独唱、合唱等声乐艺术也成为极富抒情性、欣赏性的审美活动。歌曲不但已形成许多著名的曲目，且有了艺术水平的雅俗之分，宋玉《对楚王问》中提到"曲高和寡"的情形是人所共知的：

客有歌于郢中者，其始曰《下里》《巴人》，国中属而和者数千人；其为《阳阿》《薤露》，国中属而和者

数百人；其为《阳春》《白雪》，国中属而和者不过数
十人；引商刻羽，杂以流徵，国中属而和者不过数人而
已。是其曲弥高，其和弥寡。

这里所谓高下、雅俗之分，已经不含有礼
乐道德的成分，而纯粹是从演唱技法、艺术韵
味和审美风格的角度立说了。同样，歌唱水平
也分出了优劣，在千人和、百人唱中，脱颖而
出了一些以善歌著名的"星"级歌手。比如孟
子就提到两位在民间影响极大的歌手，一个叫
王豹，居淇水边，在他歌声的感染下，黄河西
边一带的人都善讴起来；一个叫绵驹，居高唐，
由于他的善唱，齐国西部的人也都对唱歌着了
迷（《孟子·告子下》）。更有甚者，有位叫韩
娥的女子来到齐国，路经雍门卖唱求食，待她
走后，其唱歌的声音竟"余音绕梁欐，三日不
绝"（《列子·汤问》）。还有一位秦青，已经以
唱歌授徒，当起了音乐"教授"，弟子薛谭"未
穷青之技，自谓尽之，遂辞归"，秦青并未加以
阻止，只是在送弟子时击节高歌，"声振林木，
响遏行云"，这时弟子才明白唱歌原来还有如

此境界，不觉惭愧，遂"终身不敢言归"（《列子·汤问》）。这些颇带有传奇性的描写，道出的却是一个基本事实，这就是歌声的魅力已经被人们所重视。

至于专攻舞蹈的艺术家，这时也已出现，《拾遗记·燕昭王》中两位善舞的女子旋娟与提嫫就相当绝妙，她们"玉质凝肤，体轻气馥，绰约而窈窕"，在"崇霞之台"为燕昭王表演舞蹈，"一名"萦尘"，言其体轻与尘相乱；次曰"集羽"，言其婉转若羽毛之从风；末曰"旋怀"，言其支体缠曼若入怀袖也"，"徘徊翔转"，并能在"以屑喷地厚四五寸"的场地"舞其上"而"弥日无迹"（子书百家本《拾遗记》卷三），可见其"轻功"舞技的非凡。当然，这已是后代用夸饰且带有仙话色彩的笔法追述描写出来的，但如果没有战国舞蹈艺术的专业化、艺术化，就不会有关于燕昭王时舞女的传闻和夸饰。从出土的战国文物中，可见许多飞长袖、扭细腰、曳长裙的舞者形象。河南洛阳金村出土有一串**金链舞女玉佩**（彩图 6），其中一对玉雕舞女，细腰丰臀，长裙广袖；山西古墓出土的另一玉雕舞女，身后更多了两条飞扬的飘带[1]。它们更形象地表现出了此时舞蹈对于轻盈、飘逸、柔丽的审美追求。

这样，在列国的宫廷中，便出现了歌、乐、舞全新的同台献艺。它们已经完全不是典雅的礼乐歌舞，而是新歌曼舞，美目流盼，竽瑟狂会，乐声大作：

> 肴羞未通，女乐罗些。陈钟按鼓，造新歌些。《涉江》《采菱》，发《扬荷》些。美人既醉，朱颜酡些。娭光眇视，目曾波些。被文服纤，丽而不（丕）奇些。长发曼鬋，艳陆离些。二八齐容，起郑舞些。衽若交竽，抚案下些。竽瑟狂会，搷鸣鼓些。宫廷震惊，发《激楚》些。吴歈蔡讴，奏大吕些。……（《楚辞·招魂》）

这里先是在钟鼓的伴奏下，女歌手们用美妙的歌喉唱起一首首新创制的歌曲；接着是身着艳丽舞衣的妙龄美女，扭动着柔细的腰肢，摆动着美丽的长发，跳起妖媚的舞蹈；最后又是吹竽拨瑟，鼓声振作，奏起摇荡人心的《激楚》之乐。在宫廷的大雅之堂上面，蔡讴、郑舞各显其妙，这是俗乐已经取代雅乐的最好证明。

曾侯乙墓的音乐殿堂

曾国只是战国时一个极小的侯国，曾侯乙更是名不见经传，但是当1978年他的墓葬被二千四百多年后的考古学者发掘出来，他才令人瞩目起来。当然，真正令人瞩目的并不是他，而是随他而埋入地下的那座极其盛大的音乐殿堂。正是这座地下音乐殿堂，把我们带进了战国时代王侯宫廷中举行的音乐盛会，使我们活生生地感受到了当时鼓乐齐鸣、舞姿婆娑的乐舞场景。从此，把握战国时代音乐歌舞的水平，在文字记载的材料之外，我们还有了迄今保存最完整、最系统的文物证明[2]。

曾侯乙墓发掘于湖北随县，据同墓出土的镈钟上的铭文，墓主曾侯乙入葬年代在公元前433年或略晚，属于战国早期。墓葬共分中、东、西、北四室，均有大量随葬，几乎把曾侯乙生前的生活原原本本搬到了地下。北室主要放兵器和车马器；东室放墓主人的葬具和陪棺八具，并放置带环扁鼓一件、瑟五件、五弦琴十弦琴各一件、笙二件，大致反映了寝宫以弦管为主的小型乐队的规模，即后、夫人"事其君子"所用的房中乐的乐队；真正大型的钟鼓乐队在中室，有编钟、编磬、建鼓、篪、笙、排箫、瑟、枹鼓等乐器，钟架旁边还有六个木槌和二根木棒；西室有陪棺 13 个，死者均为青年女性，或许正是乐队的演奏者或表演歌舞的女乐。

其中，摆放完好的中室确是值得大书特书的，因为这是今见最完整的古代乐队乐器文物，系统全面地显示了春秋战国时期侯国乐队恢弘的建制和规模。

举世瞩目的**曾侯乙墓编钟**（彩图 7）就设在这里靠近西壁和南部的位置。发掘时仍十分完好地立在墓室中。中下两层的钟簴（立柱），用青铜铸成佩剑武士擎着横梁的造型，凝重中又平添出动态和活力。更值得一提的是这套编钟的音域十分宽广。据介绍，这套编钟自大字一组 A 到小字四组的 C，能跨 5 个八度，可发 128 个音，具备旋宫转调的十二个半音，旋宫能力达 6 宫以上，敲击每个钟的正鼓部和侧鼓部，分别可发出形成大三度和小三度的两个音。下层甬钟基本音列为七声音阶，而且音质良好，发音相当准确，今天仍可适当演奏比较复杂的多声部或包括一般转调的乐曲。还有，编钟和钟架上还铭刻有二千八百多个文字，绝大部分记录的是标音和乐律等内容，又是一份难得的音乐史资料。总之，这套编钟无论就其规模、质地、造型、编钟数量、保存的完好程度，还有音乐资料价值，都可以说是迄今所见乐器遗物中最好的，称它为稀世珍宝，是绝对不为过的。

与编钟相对，在中室紧靠北壁的位置，还有一套编磬，也是立架悬挂，只不过规模要小一些，分为两层，共计悬磬32枚。石磬为石灰石或大理石经精心磨制而成，上面也刻有乐律铭文。钟架与编钟钟架，又有不同，造型奇特，富于变化。

在这大型编钟、编磬之间，还陈列着用来合奏的其他乐器，计有鼓3件、排箫2件、笙3件、篪2件、瑟7件。整个乐队所需演奏的乐人估计要用22人。

从这个乐队的整体设置，不难想象当年侯国贵族鼓乐笙瑟、升歌旋舞的生活一景。说起来，作为战国早期的侯王墓葬，这个乐队仍还保持了周代礼乐的基本建制，编钟编磬的陈列所形成的

就正是诸侯之乐的轩悬式规模。但是它具体形制
的奢华、庞大，显然带有僭越享乐的性质；女乐
的使用，更是战国乐舞之风的一种表现。这个音
乐殿堂，正让我们看到了春秋战国之际音乐歌舞
审美风格发生转化的一个缩影。

〔1〕 参见《中华文明史》第 2 卷，第 540 页，河北教育出版社，1989 年版。

〔2〕 参见《湖北省随县曾侯乙墓发掘简报》，《文物》1979 年第 7 期。

镂金错彩

塑雕书画的美术化

5

　　一如春秋战国之际音乐歌舞艺术中俗乐对雅乐的冲击，在雕塑、绘饰、书法等工艺和美术领域，这时也明显呈现出脱离礼制规范、自由舒展变化的趋势。就题材而言，承继着西周以来从神秘走向现实的方向，这些作品更由写实发展到追求生活情趣化；就风貌而言，它们则一改西周的朴实平易，无不精雕细刻、镂金错彩、奢侈豪华，显示出进一步摆脱实用束缚、进一步美术化、进一步追求观赏享受的审美倾向。当然，具体到某一地域、某一种类甚至某一件作品，它们或极度写实，或怪异变形，或规矩，或洒脱，风格很难统一；而这种打破一统，各显神通，恰恰就是战国的"性格"。

工艺造型

1923 年秋，考古学者在河南新郑南门发现了一个属于春秋晚期的郑国铜器群，其中有一个盛酒或盛水用的**莲鹤方壶**[1]（014）其装饰造型是在商周彝器中从未出现过的，又名"立鹤方壶"（《中国大百科全书·美术》）。

莲鹤方壶恰恰出现在春秋晚期是很有意思的，它似乎正是要以它的灵动、它的展翅欲飞、它对新鲜事物的渴望，与商周礼器静态、肃穆的格调划出界限，宣布一个激情澎湃的新时代的到来。

这个壶的周身布满浅浮雕与线雕的龙凤纹
饰，与商周之器倒也没有太大区别；但其
颈部、腹部和体侧两耳又攀援着形态各异
的小龙，它们都作迅速向上爬行的样子，
从而使造型顿生动态，更把欣赏者的视线
引到了壶的顶部，也是这个方壶真正具有
划时代意义的壶盖部分。在那里，有双层
莲花瓣向外绽开，中间亭亭玉立一只仙鹤，
细长的嘴微张着，双翼展开，好像就要
腾空飞起。

014　莲鹤方壶
（出自河南新郑郑国铜器群）

　　同样在"呼唤"新时代的还有**透雕云纹铜
禁**（015）。这个铜禁 1979 年出土于河南淅川下
寺楚墓，据考察认为属令尹子庚或令尹子冯墓
的随葬器物，年代也属于春秋晚期。这个铜禁
便成了迄今所见最早的失蜡法铸件[2]。紧随其

015　透雕云纹铜禁
（河南淅川下寺楚墓）

作为盛放酒器的案形器，器身呈长方形，造型本没有什么特别之处，但铜禁全身都由内、中、外三层铜梗组成极其繁密的镂空花纹，禁侧攀附有十二个吐舌的怪兽，底座又有十个"昂首阔步"的怪兽承托器身，边沿及侧面则有蟠螭相互缠绕，它们也都繁饰密雕，显得十分华贵，与商周礼器迥然有别。这种效果是只有新兴的失蜡法才能浇铸出来。

后，上述战国前期曾侯乙墓的大量随葬品中有一尊盘（尊置盘中），口沿上更都堆满了微细多层勾连的镂空铜饰，四耳、四足纠合盘绕着繁密雕饰的蟠龙，整个器物玲珑剔透，精工穷技，也是失蜡法所浇铸出的罕见的珍品。

的确，春秋战国之际礼崩乐坏，其直接结果不仅是雅乐的"失落"，还有固有青铜礼器的"冷落"。那些具有神秘意味和王室尊严的厚重的大鼎，随着传统典礼的形同虚设，甚至省减废置，已经结束了作为特定时代审美文化重要载体的使命。解除了礼制的限定和束缚，人们便开始在各种日用、摆设器物的装饰美观上下功夫，其结果便是造型世界的"百花齐放"。

首先，对形制、风貌多样化的需要，刺激了青铜铸造技术的多样发展，除失蜡法之外，还出现了层叠铸造、金属型铸造等多种铸造方法，锻打、钎焊、镂刻、镶嵌、鎏金银以及淬火回火技术，也都得到了较大突破，既能镶嵌上各种饰品，又能鎏金错银，这就把整个青铜工艺打扮得五光十色，光艳夺目。其次，随着这些铸造技术的多样灵活，工艺造型有了更加自由的发挥余地，形态各异，甚至可以表现某种生活情趣的造型也就大量出现在审美艺术的天地里。一旦到了这种境界，它们便不但摆脱了礼制，甚至也摆脱了日用，而更多是作为把玩观赏的工艺品了。

其中，**十五连盏铜灯**（彩图 8）是最具有代表性的。这盏铜灯出土于河北平山的中山国王陵[3]，年代已至战国晚期。与其说这是一盏铜灯，毋宁说这更是一个奇妙的自然画境。整个灯盏人、猴、鸟构成一个活生生的世界，极富生活情趣。

灯盏的基本造型为一俑举持三灯盏，而其神奇之处就在于这种举持，完全是"把两黄蛇"般的神勇。只见他右手平伸高举一灯杆，上面夔龙逐猴，直达顶灯；左手握一打卷的龙尾，龙挺身昂首，头顶另一灯盏；与这条龙相接，又有一条夔龙盘伏在底灯的灯盘之中。人俑造型已相当精工考究，银制面首，嵌黑宝石做眼珠，身穿宽沿阔袖深衣，上面还填满彩漆云纹；人物两目有神，面露微笑，一副十分诡秘自得的神态。

016　银首铜俑灯
（河北平山中山王墓出土）

　　与十五连盏灯同出一陵的另一盏**银首铜俑灯**（016），则又别有洞天。这里更以想象之功，突出了人物的神奇。这种人龙擎灯的构思已经造化神工，而如果到了夜间把灯点燃，灯光摇曳中，铜人、银首、宝石双目交相辉映，可以想象还会现出更为奇特的效果。

　　至于中山王陵出土的另外几件铜器，如金银镶嵌龙凤型方案、银镶嵌双翼神兽、虎噬鹿器座等，其造型和色彩也都十分神奇醒目。尤其是龙凤方案，底座为一璧状圆环，由四只昂首屈身的梅花鹿驮起；环上立着四条伸首露齿的蛟龙，龙尾卷曲盘绕，尾尖又回勾住龙首；另有四凤，伸翅举首，伫立在蜿蜒缠绕的龙身之间。这些龙和凤显然已不具有神秘意味，只给人以极尽弯曲萦绕之工的瑰丽感受；而真正堪称特色的，是这些奇物身上的云雷、龙鳞、凤羽、鹿斑全部镶金嵌银，叠错斑斓，从而点缀出一个战国时代所独具的十分华丽炫目的青铜世界。

　　说到结合动物造型的日用器物，另外还有江苏武进淹城出土的双兽三轮盘[4]、云南江川李家山古墓群二十四号墓出土的牛虎铜案[5]、山东曲阜鲁国故城战国早期墓出土的银猿形带钩[6]等，也颇值得一提。它们不似上述中山王陵的双翼神兽、龙凤方案那般奇诡绚丽，却造型奇巧、生动，与十五连盏灯的生活情趣化，有些共通之处。**双兽三轮盘**（彩图9）的工艺之巧本在盘底所装的皆可转动的三个轮子，能够推来推去，享用当十分取巧方便。**牛虎铜案**（彩图 10）更加有趣。用作带钩的那只有着鎏金装饰的**银猿形带钩**（彩图 11），样子也十分诙谐滑稽。不难看出，战国时代的能工巧匠们在结合实用的基础上，又都在尽情发挥想象，巧妙构思，从而赋予对象以超出实用的富于情趣的观赏效果。

对铜器铸造超实用的审美追求，促进了雕塑艺术的萌生和发展。这时，青铜世界开始见到一些雕刻比较细腻、写实的人物形象，这些形象虽然还仍附着在实用器物上，还没有成为专门的人物雕塑艺术，但已达到较为成熟的程度。河南三门峡上村岭所出跽坐人漆绘铜灯，本是一个日用的灯座，其构思为一人跽坐，擎着一盏灯盘，与银首铜俑灯相类；但这一跽坐人铜灯完全是以人物造型为主，且人物面型真实，比例合度，装束有很具体的细节表现。只见他头梳偏髻，戴簪束冠，腰间束带，其上有带钩衔接，宽大的袍服还饰着彩绘。他虽然静静地跽坐在那里，但双手捧着灯架的样子，分明表现出恭谨小心的神情[7]。此外，**曾侯乙墓编钟**（彩图 7）中下两层每层三个钟簴，都塑成青铜武士擎着钟架的形象，称作"钟簴铜人"。铜人造型也相当写实，身穿右衽交领圆襟短衣，曳地长裙，腰间束带，身佩长剑，神态十分端庄，粗壮的双臂上举，托起钟架，颇有大力士之风。

更有甚者，这时还第一次出现了连同房屋在一起的完全写实的模型式铜铸造型，这就是浙江绍兴狮子山出土的**伎乐铜屋**[8]（017）。据推测，

铜屋通高17厘米，宽13厘米，进深11.5厘米，平面呈长方形，三开间，四角攒尖顶，顶心立一柱，柱顶有大鸟，被研究者确定为图腾柱，那么这一建筑或许就是专供祭祀之用的了。铜屋正面敞开，无门无墙，像是供演出用的戏台，屋内有裸身男女伎乐六人，分前后两排。前排三人，左侧的一位面向右立于鼓架旁，右手执槌，左手前伸张指正在打着节拍；中、右两人束发于顶，面向前，双手交置于小腹，像是两位女歌手。后排三人，左面的一位亦面向右，正在吹笙；中、右两人也面向前，膝上各置四弦琴，正在抚弄弹拨。

017　伎乐铜屋
（浙江绍兴狮子山出土）

伎乐铜屋的活动，反映的可能是越国的祭祀风俗。就这样，当时这一十分特别的歌乐演奏场面和瞬间，被铜铸造型"摄"了下来，千百年后的人们，也都可以一睹为快了。

图写生活

伎乐铜屋是用铸造的形式，凝固住了歌乐生活的瞬间；而在战国铜器的纹饰中，也同样显示出这种摹写生活的审美趣尚，曾经占尽风头的夔龙凤鸟和饕餮怪兽，这时已为大量新兴的镶嵌图描或细雕线刻的生活场景所取代。不同于雕塑造型的"局部特写"，铜器纹饰图案的特点在于可以充分发挥线刻艺术自由图写描摹的优势，从而全方位多层面多视角地展示人物的各种活动。从这个意义上说，它们已经是介于雕饰和绘画之间的艺术形式，装饰效果之外，也显示了绘画艺术的水平和追求。

四川成都百花潭出土的**宴乐射猎攻战纹铜壶**

（彩图 12）无疑是这一艺术形式最典型的代表[9]。铜壶通高 40 厘米，侈口斜肩鼓腹，周身饰满嵌错红铜的图案花纹和内容丰富的生活剪影。**图像**（018）共有七组，被三条变形云纹饰带分隔成四层。一个铜壶的器身，几乎摹写下当时人各阶层、各种生活的全景，不能不说是用图画再现生活的一个极致。

作为一种时尚，类似的铜器纹饰在战国文物中多有发现，与百花潭铜壶纹饰如出一辙的就还有故宫博物院所藏的"狩猎宴乐纹壶"和陕西凤翔县高王寺的"宴射纹铜壶"；它如出土于河南汲县山彪镇的"水陆攻战纹鉴"、出土于河南辉县琉璃阁战国魏墓的"狩猎纹壶"、出土于淮阴高庄墓的"宴饮纹盘"、出土于洛阳金村的"金银错刺虎纹铜镜"、上海博物馆所藏的"刻纹燕乐画像椭杯"等等，也无不以详尽细微的写实画面和极其众多的人物形象，反映了当时人宴乐、歌舞、射猎、攻战、车马出行、犒赏、送别等各种生活场面和图景。

从绘画艺术角度来看，作为附着在铜器上面的装饰图案，又是在不大的空间大含量地展示各

018　宴乐射猎攻战纹铜壶画面摹本

铜壶纹饰：第一层在颈部，左半边为习射，二人在屋内射箭，前一人正满弓待发，屋外还有一队人持着弓箭鱼贯而来；右半边为一幅生动优美的采桑图，一群男女在桑林中有的采桑，有的跳舞，极富"桑间濮上"歌舞传情的生活情调。第二层在壶肩，左半边，一座两层台榭式建筑，楼上有人正在举杯宴饮，楼下设有编钟、编磬和建鼓，并有多人正在那里奏乐和歌舞；右半边，场面更加开阔，一部分人在野外弋射飞鸟，另一部分人则在房屋、帷帐内外射箭和侍候。第三层在壶腹，展开了另一种激烈壮观的水陆作战的情景。左半为陆战，士卒们持矛握盾，沿云梯仰面进攻，格斗厮杀，有的被守军砍下头颅翻滚下来，后继者仍拼命攀爬；右半为水战，两艘双层战船，迎头相击，武士们在船上交战，下层各有数人在奋力划桨。第四层在壶的底部，为装饰性较强的狩猎图。

种生活内容，这些图画还多为剪影式色条或线条式勾勒，未及细腻立体地刻画人物和环境的具体样态；构图也因尚未掌握透视画法而显得古拙平板，但它们的画面充实，景象变幻多姿，观赏起来自是别具一格。

战国时代，还值得注意的是木雕图案和漆画。由于质地的缘故，战国之前的木雕漆器多已不见，而战国之后，这种文物开始多见起来，木雕图案和涂于木器上面的漆画，便也成为考察战国绘画艺术的重要部分。出土于湖北江陵望山一号墓的**木雕彩绘漆座屏**[10]（彩图 13），由扁平的屏座和矩形屏面两部分组成，通高 15 厘米，长51.8 厘米，显为陈设工艺品。同样给人以充实、绚丽的画面之感。

曾侯乙墓出土的**鸳鸯漆盒**（彩图 14），本身就是一件造型别致工巧的艺术精品；而在腹部左右两侧，更有两幅表现具体生活场景的漆画。左边的画面为《撞钟击磬图》，二钟二磬悬挂在怪兽衔接而成的造型别致的钟架上，奏乐者鸟首人身，也神奇怪异；右边的画面为《击鼓舞蹈图》，一鸟首怪人正在敲击一个虎座建鼓，另一高冠佩剑者则长袖而舞。这情形，分明描绘出巫者驱鬼祈福、歌乐鼓舞的风土民情。

更值得一提的是那些涂于漆奁上的彩画，它们与当时铜器纹饰的趣尚相类似，彩画占满漆奁的周身，也以远景式多层面多人物表现现实生活场景为特征。比如湖北荆门包山二号墓出土的**彩绘车马人物漆奁**（彩图 15），其中有出行图，高大的盖车上坐一宦者，一御者控制着马缰，车后有二随骑，另外还有躬身而送的小吏和持戟的卫士；还有迎宾图，车马到达主国近郊，一人在前躬身相迎，后面又有五人恭候在那里。其间杂以树木、飞鸟与云气，使整个画面更加富于生活气息。同墓出土的还有一件"彩绘歌舞人物漆奁"，描绘更加细腻，甚至连人物的表情、姿态、服饰的样式、色彩及花纹都清晰可见。其间画有十一个女子和两座厅堂，一厅堂对坐着两位贵妇人，另一厅堂杂坐着三位贵妇人，厅外，有两个跳舞的女子，细腰长裙，长袖而舞，另有三位拖着长裙的女子微微低首左右摆胯，中间又有一位年长的舞师，卷袖执鞭，双眉紧皱，像是正在严厉地指挥训练。此外，长沙颜家岭出土的"狩猎纹漆奁"，画面分上下两带，上带画一猎人手持长戟刺向一头奔来的野牛，野牛身后又有一猎人张弓而射；下带则画一老人牵一猕猴漫步而行，身后两只鹤在地上觅食。两带构图不但形象写实，且疏密有致，松紧相间，确是别有情趣[11]。

　　当然，无论铜器纹饰还是漆画，都毕竟要受到器物大小和刻画方式的限制，这时真正可以尽情发挥绘画艺术性能的还要属壁画和帛画。壁画因不易保存，至今尚未见到春秋战国之际壁画的遗迹，但据文献记载，春秋末期，孔子观周明堂，曾见到四门墉上绘着尧、舜、桀、纣形象和"周公相成王、抱之负斧扆（背靠屏风）、南面以朝诸侯"之图（《孔子家语·观周》）；战国后期，屈原放逐，彷徨山泽，曾见到楚国先王宗庙及公卿祠堂"图画天地山川神灵，琦玮谲诡，及古圣贤怪物行事"，并面壁"呵而问之"，以成《天问》（王逸《楚辞章句·天问序》），可知当时确实已有内容较为丰富的山川人物壁画图案，其特点同样是多人物全景式的。

此时在白色丝帛绢缯上作画的帛画或缯画今已有所发现，它们就是1949年湖南长沙陈家大山战国楚墓出土的**龙凤人物帛画**（彩图 16）和 1973 年长沙子弹库战国楚墓出土的**人物御龙帛画**[12]（彩图 17）。这两件帛画因被精心深埋于地下而幸运地得以保存，也因都是作为葬仪中引导死者灵魂的旌幡，而决定了画面内容的特殊性。这两幅画尚有明显而浓厚的宗教意味，但也反映出当时绘画艺术的水平。两画都是运用线描，略施彩色，技法运用已相当熟练；其中对人物形象的刻画，也已十分细腻、逼真；构图中还注意对空间感和运动感的表现，《人物御龙帛画》中人物颏下系结的冠带、头上华盖的流苏均向后吹起，就很好地显示出在空中飞行的方向和速度。

"书之竹帛，镂之金石"　　商代文字以甲骨文为代表，周人文字以铜器铭文为代表，所谓甲骨文、铜器铭文都是以文字所附着的材料来命名的。但是到了春秋战国之际，已经很难用一种材料作为代表，用《墨子·非命下》中的一句话来说，就是"书之竹帛，镂之金石，琢之盘盂"，竹简、帛书、铭文、石刻、墨迹，用来书写文字的材料已多种多样，书写作品"各显神通"，书法艺术也充分体现出春秋战国之际特有的多姿风采。

此时承续着西周传统，铜器铭文仍在流行，只是随着礼器意义的淡化，更由于大量记事为竹简帛书所承担，这时铜器铭文的字数已明显减少，不再有西周时代洋洋数百言的辉煌；但作为纪念性标识性文字，这时的铭文反而多刻铸于器外显著部位，并错金嵌银，开始注意其"观美"的效果。

春秋中后期的**栾书缶**（彩图 18）可谓首开其先河的代表作[13]。栾书又称栾武子或栾伯，春秋时晋国大夫，执政凡 14 年。这种以铭文取代图案纹饰的处理，兼有装饰的味道了。"光天化日"之下，字体的美观与否尽入人们眼底，当然成了作器者、书写者刻意追求的对象。

自此之后，随着错金工艺的进一步发展，错金以观美的铭文几成风尚，今见几件著名的带字铜制文物，如吴王夫差矛、越王勾践剑、杜虎符、鄂君启节、曾侯乙墓编钟等，其文字就都是嵌以金色的。**吴王夫差矛**（彩图19）出土于湖北江陵马山[14]，全长29.5厘米，矛身一面有错金铭文"吴王夫差，自乍（作）用鈼"8个字。越王勾践剑出土于湖北江陵望山[15]，全长55.6厘米，剑身一面有错金铭文"越王鸠浅（勾践），自乍用剑"8字。**杜虎符**（彩图20）出土于陕西西安郊区山门口[16]，为秦惠王称君时在杜地使用的虎符。**鄂君启节**（彩图21）出土于安徽寿县丘家花园[17]，为楚怀王六年发给鄂君启的水、陆运输凭证，铜制，作剖开的竹节形，分舟节（水路用）和车节（陆路用）两种。

这些错金铭文出自吴、越、秦、楚等不同的列国，因而在字体和书写风格上有诸多差异，比如出自秦国的"杜虎符"铭文已近似小篆，象形程度明显降低，笔划趋简，字形正方平直；出自楚国的"鄂君启节"铭文则圆润华丽，修长秀劲，象形的色彩也还比较浓重。然而同是作为铭刻在重要物件上错金的文字，它们的共同特点是都刻意追求外观形式的完美，笔划刻镂得匀停得当，一丝不苟，都是字体一般大小、上下一般粗细的玉著之体，布局也十分规整有序。就其规矩而言，似与西周后期"毛公鼎"之类"文质彬彬"的铭文并无二致，但其错金的效果，对字形外观之美有意的追求，使文字本身艺术化、装饰化，却是由书写文字到书法艺术发展过程中重要的一环。

刻石文字今见最为著名的是出自秦人之手的**石鼓文**（019），它们因被刻在鼓形碣石上而得名。其制作年代曾众说纷纭，现已公认为不出春秋战国时代，比较一致的意见认为属战国初年[18]。石鼓文的字体近于《说文》所载的籀文，又称大篆，笔画、结体较周金文已大大简化，象形减少，书写方向也基本规范，字形圆中带方，看上去圆劲凝练，庄重典雅，法度谨严又不显刻板，明显有从金文向小篆过渡的痕迹。

019　石鼓文拓片

石鼓共十件，唐代出土，今藏北京故宫博物院，皆圆顶平底，每件石鼓上刻四言诗一首，内容为歌咏秦君的猎祭活动。

用毛笔书写在玉片或石片上的墨迹作品，以《侯马盟书》(020)为代表。盟书乃诸侯或卿大夫之间盟誓缔约仪式中誓辞或诅辞的文字记录，《侯马盟书》出土于山西侯马盟誓遗址，据文辞可知是战国初年晋大夫赵鞅为团结宗族战胜对手而多次组织盟誓的产物[19]。盟书所用玉、石策大多为圭、璋

　　或璜状的长条或长方形，分朱书、墨书两种，盟誓用朱，诅辞用墨。盟书所用书体为大篆，用毛笔书写，笔画一般起笔较粗，收笔很细，中肥末锐，笔锋显露，看上去给人以十分随意自然的感觉，较之金石刻文的精工凝练，是另外一种粗率的风格。

　　当然，此时更典型的书写作品还应该是简帛。在纸张发明之前，古代日常实用的书写材

020　侯马盟书　　　　　　　021　楚帛书摹本（湖南长沙子弹库楚墓出土）
（山西侯马秦村出土）

料，主要就是缯帛和简牍。帛是白色丝织品，书
写在上面的文字就称帛书。《国语·越语》有
"越王以册书帛"之语，知春秋时帛书已经出现，
但由于质的易朽的缘故，今见年代最早的帛书出
自战国，而且只有一件，这就是1942年被人从
湖南长沙子弹库楚墓盗掘出的**楚帛书**（021），现
藏美国纽约大都会博物馆[20]。这件帛书有墨书

文字计九百余字，字体为楚国古文，分正书、倒书两大段，一段记天象灾异，一段提到传说中的帝王并涉及四时和昼夜形成的神话。文字四周还彩绘有十二个奇形怪状的神像，分别代表十二个月，四角则分别以赤、青、黑、白四色绘植物枝叶。显然这是一种带有数术性质的特殊作品。比较而言，简牍文字当更为普遍。简是一二公分宽的竹片或木片，牍是较宽的木板。《尚书·多士》中周公称"惟殷先人，有册有典"，所谓典、册，即成编的竹木简，可见殷商时就已经有了简书的形式。西周和春秋"郁郁"尚文，辑有洋洋《尚书》，孔子读《易》"韦编三绝"，更应有大量书之简册的文献典籍，只可惜简牍也如丝帛一样不易长久保存，今人已绝难一睹其真颜。今见最早的简册也出自战国，但数量要远远超过帛书，简书遂成为考察战国书法的重要一支。

1975 年出土于湖北云梦睡虎地秦墓的《睡虎地秦简》，多达 1 155 支，字数近四万，内容包括《编年记》《秦律》《为吏之道》等十种，年代已至战国末期[21]。这本是研究秦国政治、历史的重要文献，就书法而言，其重要价值就在于十分清晰地显示出隶书形成的轨迹。据记载，秦始皇为了"书同文字"，命李斯等创造了正体小篆，同时又推广了程邈所创制的便于应急的俗体隶书。小篆的前身我们在上述铭刻文字中已多有发现，而这批秦简则明显已有隶书化的趋向。其中许多字虽然还保留了篆书的结构，但写法上已大大简化，有些偏旁部首与此后的隶书已完全相同。从字体上看，它们的转折多破圆为方，有便捷之感；字形方扁工稳，又尚带朴拙之气，总体上也能显出用笔的弹性和轻松。

1993 年出土于湖北荆门郭店一号楚墓的《郭店楚简》（022），是考古学界又一次意义十分重大的发现。该墓虽数经盗扰，仍幸存有八百余枚竹简，其中有字简据整理后的数字统计，共存 730 枚，其年代为战国中期左右，较《睡虎地秦简》要早百余年[22]。这批竹简包含多种古籍，其中两种为道家学派著作，其余多为儒家学派著作，对学术界重新认识儒家在楚国的影响、儒道两家的关系等问题，都有难得的价值。当然，这还是战国时代楚国简册书法的一批重要作品，它们不同于一般的公文和文书，都是由专人精心抄

⑥ / 金链舞女玉佩（河南洛阳金村出土）

⑦ / 曾侯乙墓编钟
（湖北随县曾侯乙墓出土）

悬挂编钟的钟架为矩尺形，分三层，上层悬挂钮钟19枚，中层悬挂甬钟33枚，下层悬挂甬钟12枚，外加楚王送的一件钟，总数达到65枚之多。钟体大小不一，上中下皆各分三组，下大上小，左大右小，极有规律地依次排开。最大的一件通高153.4厘米，重203.6公斤，最小的一件通高20.4厘米，重2.4公斤，总重达2500公斤。钟架为铜木结构，造型较浑、稳固。

灯的造型为一株枝杈横斜的大树，15 个圆盘状的灯盏参差错落地顶在树枝上面。最为叫绝的是上面不但有一条蜿蜒的四足龙已爬到了树顶，还有两只小鸟在枝上鸣唱，更有八只小猴在树上戏耍，树下有两个赤膊的汉子仰头向上用食物挑逗小猴，其中两只小猴禁不住诱惑，正单臂抓树，向下讨食。小猴的样子甚为生动逼真，惹人喜爱。

⑧ / 十五连盏铜灯
（河北平山中山王墓出土）

⑨ / 双兽三轮盘
（江苏武进淹城出土）

主轮上转出的双兽，仰出长长的脖颈，形体并不复杂，然而双兽的头却是回首朝向盘内，做出要饮水的样子，造型顿时活了起来

前面是一勤勤恳恳的老牛驮着案面，后面则有一只褪皮的小虎攀着案头，案下面又有一头小牛"犊"在那里"循规蹈矩"。

⑩ / 牛虎铜案
（云南江川李家山出土）

⑪ / 银猿形带钩
（山东曲阜鲁国故城出土）

用两粒小蓝料珠镶嵌的小眼睛滴溜溜圆，缩着脖子，勾着两腿，长臂却直直伸着。

⑫ / 宴乐射猎攻战纹铜壶
（四川成都百花潭出土）

⑬ / 木雕彩绘漆座屏
（湖北江陵望山一号墓出土）

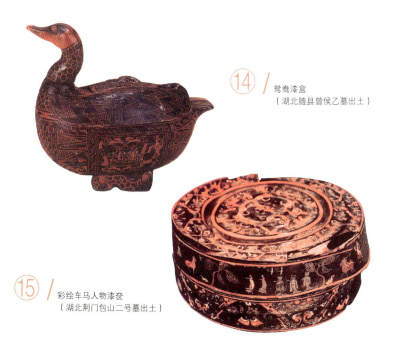

⑭ / 鸳鸯漆盒
（湖北随县曾侯乙墓出土）

⑮ / 彩绘车马人物漆奁
（湖北荆门包山二号墓出土）

16 / 龙凤人物帛画
（湖南长沙陈家大山出土）

17 / 人物御龙帛画
（湖南长沙子弹库出土）

⑱ / 栾书缶
（传世品）

⑳ / 杜虎符
（陕西西安郊区山门口出土）

⑲ / 吴王夫差矛
（湖北江陵马山出土）

㉑ / 鄂君启节
（安徽寿县丘家花园出土）

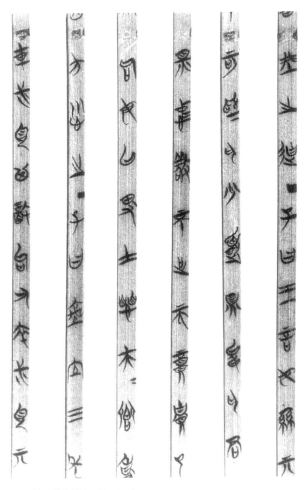

022 《郭店楚简》(湖北荆门郭店楚墓出土)

写，所用文字为典型的楚系，字体圆转流畅，笔势潇洒纵逸，运笔十分自如，颇为挺秀大气，充分显示出以柔毫书写所特具的笔道圆活、骨肉匀停的优势，堪称当时的书法精品。

很显然，春秋战国之际的书法，我们既无法用哪一种书写材料作为代表，也难以用哪一种书体或书风加以概括，专家们已经感到这是汉字形体发展史上空前混乱、不能划一的一个阶段。要说共性、特点，这种不能划一，正是战国的风尚。

〔1〕　参见《中国大百科全书·考古学》第588页"新郑彝器"条，中国大百科全书出版社，1986年版。

〔2〕　参见《淅川下寺春秋楚墓》，文物出版社，1991年版。

〔3〕　参见《中国大百科全书·考古学》第366—367页"平山中山王墓"条，中国大百科全书出版社，1986年版。

〔4〕　参见《简明中国文物辞典》第125页，福建人民出版社，1991年版。

〔5〕　《云南江川李家山古墓群发掘报告》，《考古学报》1975年第2期。

〔6〕　参见《曲阜鲁国故城》第159页，齐鲁书社，1982年版。

〔7〕　参见《中华文明史》第2卷，第583页，河北教育出版社，1989年版。

〔8〕　参见《绍兴306号战国墓发掘报告》，《文物》1984年第1期。

〔9〕　参见《成都百花潭中学十号墓发掘记》，《文物》1976年第3期。

〔10〕　参见《湖北江陵三座楚墓出土大批重要文物》，《文物》1966年第5期。

〔11〕　参见李浴《中国美术史纲》第133—134页，辽宁美术出版社，1984年版。

〔12〕　参见郭沫若《关于晚周帛画的考察》及《题长沙楚墓帛画》，《郭沫若全集·考古编》第10卷，第281—308页，科学出版社，1992年版。

〔13〕　参见《简明中国文物辞典》第127页，福建人民出版社，1991年版。

〔14〕　参见《稀世文物"吴王夫差矛"出土》，《人民日报》1983年1月7日。

〔15〕　参见《简明中国文物辞典》第135页，福建人民出版社，1991年版。

〔16〕　参见同上，第151页。

〔17〕　参见同上，第151—152页。

〔18〕　参见裘锡圭《关于石鼓文的时代问题》，《传统文化与现代化》1995年第1期。

〔19〕　参见《"侯马盟书"的发现、发掘与整理情况》，《文物》1975年第5期。

〔20〕　参见李学勤《长沙楚帛书》，《失落的文明》第244—245页，上海文艺出版社，1997年版。

〔21〕　参见《睡虎地秦墓竹简》，文物出版社，1978年版。

〔22〕　参见《郭店楚墓竹简》，文物出版社，1998年版。

6

御凤乘龙

奇幻奔放的楚辞艺术

　　战国时代审美文化异彩纷呈，在诗歌领域也出现了奇迹，这就是楚辞的崛起。这是在诗坛沉寂了三百余年之后，在战国后期的南方楚地，又涌现出的一批极富于地方色彩的诗歌作品，它们"书楚语，作楚声，记楚地，名楚物"（宋黄伯思《新校楚辞序》），"楚辞"即因此而得名；它们在风格上与《诗经》判然有别，其不同不只表现在

诗句的参差错落、"兮"字的大量出现、楚地方
言名物的大量使用，更表现在升天入地、跨越古
今般无羁的想象和神话巫术般奇异绚丽的色彩，
以及个体诗人所凸显的精神张力。它们是中国审
美文化园地中的奇葩，而这枝奇葩的绽放，正也
是战国时代文化开放、个性展开的一个硕果。

荆楚异俗、
屈原遭际与楚辞的诞生

列国争雄的战国时代，不同地域的
文化"各显神通"，其中又尤以南疆
楚地特色为最。楚辞就是这种特色
文化被诗人淋漓发挥的产物。

地处中国江汉流域的楚人，就其渊源而言，
本也属于北方华夏集团，后来由于历史的原因，
迁徙到南方定居下来，与当地苗蛮进行了融合。
周成王时"举文武勤劳之后嗣，而封熊绎于楚
蛮"（《史记·楚世家》），楚由此成为周的列国。
但作为异姓之国，又封在蛮地，周人一直以蛮
夷看待楚人，楚也便以蛮夷自居，所谓"我蛮

夷也，不与中国之号谥"（楚王熊渠语，见《史记·楚世家》）。春秋时代，齐桓公联合北方列国抵御楚的进犯，是以"尊王攘夷"相号召；晋文公联合齐、秦大败楚国的城濮之战，理由也是"汉阳诸姬，楚实尽之"（《左传·僖公二十八年》），带有周楚抗衡的味道。

与北方中原对峙的格局，使楚人较少受到周王的控制和周礼的束缚，政治文化上有着较大独立发展的空间；长期与南方土著融合，自动向"蛮夷"习俗认同，更使楚文化形成了不同于北方文化的地域特点。《左传》记有一则钟仪"乐操土风不忘旧"的故事：

> 晋侯观于军府，见钟仪。问之曰："南冠而絷者，谁也？"有司对曰："郑人所献楚囚也。"使税（脱）之。召而吊之。再拜稽首。问其族。对曰："伶人也。"……使与之琴，操南音。……文子曰："楚囚，君子也。……乐操土风，不忘旧也。"（《成公九年》）

从"南冠""南音"可知，楚地的服饰、音乐等等都与北方有了分野。"南音"如何已难确知，但与此有密切关系的楚地民歌，却可知明显不同于周人民歌。如公元前 6 世纪中叶，与《诗经》同时而稍晚出现的根据越人口语译成楚歌的《越人歌》：

> 今夕何夕兮，搴舟中流？今日何日兮，得与王子同舟？蒙羞被好兮，不訾诟耻；心几烦而不绝兮，知得王子。山有木兮木有枝，心悦君兮君不知。(《说苑·善说篇》)

这首歌语句的参差不齐，"兮"字的大量使用，就与《诗经》整齐的四言及多用实字有所不同。

当然，楚文化与中原文化的差异，或者说楚文化不同于中原文化的地域特色，更明显的表现还在于当中原早已形成史官文化之时，荆楚之地自上而下仍较多保留了巫觋文化的风俗习惯，《汉书·地理志》就称，"楚有江汉川泽山林之饶，江南地广……信巫鬼，重淫祀"。这种氛围使楚地仍广泛流传着极其丰富的神话传说，上演着活生生人神交往的歌舞剧目，吟唱着祈神驱鬼、乘龙御风的巫觋之歌，这都为楚辞的孕育和诞生铺垫下一片丰厚的土壤。

这时，战国后期的特定气候，造就出一位前来催生楚辞的诗人，他就是**屈原**（023）。

023　屈原行吟图（明·陈洪绶绘，见《楚辞述注》卷首）

　　屈原原本是并不打算做诗人的，他本是"楚之同姓"，又"博闻强志，明于治乱，娴于辞令"（《史记·屈原贾生列传》），当然很想在政治上有一番作为。起初，他也确实甚得楚怀王信任，委以左徒之职，"入则与王图议国事，以出号令；出则接遇宾客，应对诸侯"（同上），也就跃跃欲试，替怀王拟定起新的宪令，准备在楚国革除时弊，强国图存。恰恰是这一点，成了他一生坎坷的引线，成了他变成诗人的契机，也就等于是成了楚辞诞生的"催化剂"。因为正是这草拟宪令，触动了旧贵族的神经，引得他们谗言四起，致使怀王疏远了屈原，把他贬官汉北；正是因为失意，屈原才开始用他所熟悉的本土歌体写起诗来，这种在楚歌形式基础上所创制的蕴含着新的时代内容的诗，就是楚辞。

　　当然，更多的楚辞作品，更代表楚辞奇异风貌的楚辞作品，还是在屈原流放到盛行巫风的江南之后诞生的；而屈原的被流放，除了他与旧贵族固有的政治上的针锋相对，还来自他联齐抗秦的外交立场，以及因此立场而与怀王之后新当权者们（楚顷襄王及其弟令尹子兰）的严重冲突。当初就是这些新当权者们为了讨好秦国，力劝怀王入秦，才导致怀王客死秦国，屈原则因痛悼怀王、力主抗秦而遭忌恨，而被放逐江南（楚南郢沅湘一带）。"信而见疑，忠而被谤"，一心为国，却横遭放逐，能无怨乎？然而举步山野，满目荒凉，他一腔委屈，又能向谁倾诉？有道是"诗穷而后工"，这种历尽辛酸的人生经历，这股强烈的倾吐欲望，已经使诗成功了一半。从高位跌落到民间，跌落到沅湘江滨，他又恰遇这片仍回荡着巫歌神语之声的艺术土壤。于是，屈原为自己的倾吐找到了十分便利而特别的表达形式。他拟作巫音《招魂》，以表达对怀王客死秦国的悲伤；加工祀神乐歌《九歌》，以隐喻失意惆怅的情怀；连缀"传古"的踏歌呵成《天问》，以宣泄难以排遣的愤懑；更自铸伟辞，成千古绝唱《离骚》；撰短歌《哀郢》《涉江》《怀沙》等等（后人合九篇以成《九章》），独白心迹和感受。虽然这些表白、抒发、宣泄、倾吐终未能使屈原得以解脱，亦未能使他停止走向汨罗、投身江鱼腹中的脚步，但这些用生命铸成的诗篇，却从此不胫

而走，使屈原的精神和灵魂获得了永生。李白说得最好："屈平词赋悬日月，楚王台榭空山丘。"（《江上吟》）

《离骚》：

诗人灵魂的压抑与飞升

读屈原，不能不读《离骚》，因为《离骚》是屈原用生命写成的凝聚着自己毕生心血和人生总结的结晶之作，人们正主要是从《离骚》中了解屈原的，人们也是用《离骚》作为屈原所创制的楚辞体的代表的。

然而《离骚》却是一首地道的"神曲"。你看主人公是神的后裔，自天而降，又有着不同寻常的命名：

> 帝高阳之苗裔兮，朕皇考曰伯庸。摄提贞于孟陬兮，惟庚寅吾以降。皇览揆余初度兮，肇锡余以嘉名：名余曰正则兮，字余曰灵均。

主人公的装束也非人间所有："扈江离与辟芷

兮，纫秋兰以为佩。""制芰荷以为衣兮，集芙
蓉以为裳。"这与《九歌》中"荷衣兮蕙带"的
少司命、"被薛荔兮带女萝"的山鬼，何其相似
乃尔。

更有甚者，主人公还上能"驷玉虬以乘鹥"，
登县（悬）圃，扣天阍；下能"聊浮游以逍遥"，
求宓妃，聘简狄；神巫灵氛会听命为他占卜，大
神巫咸会应召在夜间降临；只见得"百神翳其备
降兮，九疑缤其并迎"。

只是通观全篇你却会感到，这位颇能升天
入地、跨越古今的神人原来并不轻松，他所自
述的都是降临人间后痛苦的遭遇、上下求索寻
觅的种种挫折，还有一次次是去是留的卜算占
问，一次次飞升、遨游最终又总不免跌回现实
的失落。你看他"乘骐骥以驰骋兮，来吾导夫
先路"，一开始多么豪情万丈，要导引灵修"抚
壮弃秽"，成就大事，然而却在党人偷乐的险
隘环境中屡遭打击；灵修本与他有"成言"在
先，又"信谗而齑怒"，"悔遁而有他"；被弃
置而退身之后，他持身贞固，好修依然，因为
"亦余心之所善兮，虽九死其犹未悔"；他"鸷

鸟不群"，不容于世俗，曾受到女婆充满关爱的劝说："众不可户说兮，孰云察余（咱们）之中情？世并举而好朋兮，夫何茕独而不予听？"于是他"济沅湘以南征兮，就重华而陈辞"，以求得到先圣的仲裁，结果是获得了自我肯定，精神为之一振，意志为之更坚，遂乘龙御凤，飞升天宇，流观四荒，要寻求志同道合的知音，继续未竟的事业，谁知到头来却又帝阍不开，众美难求，"世混浊而疾贤兮，好蔽美而称恶"；一次次碰壁、一次次失望之后，他彷徨无依，只得令灵氛占卜，让巫咸降神，偏偏一个说该走："何所独无芳草兮，尔何怀乎故宇？"一个又说该等待时机，"勉升降之上下兮，求榘矱之所同"。主意最终还得自己来拿，他又一次审视周围的环境，结果是更大的绝望："时缤纷其变易兮，又何可以淹留！兰芷变而不芳兮，荃蕙化而为茅。何昔日之芳草兮，今直为此萧艾也？"原本美好的东西，在这里也都变成了污浊，哪里还有自己的容身之地。他只能再一次"驾八龙之婉婉"，"远逝以自疏"。然而，正当他在天际"奏《九歌》而舞《韶》兮，聊假日以媮乐"时，却忽然俯瞰到了故乡，心情又一次陡转："陟升皇之赫戏兮，忽临睨夫旧乡。仆夫悲余马怀兮，蜷局顾而不行。"深挚的恋乡情结，使他最终也没有走成。

这不分明又是屈原的遭际和表白吗？

的确，在神人的外衣和行事中，挟裹着的是地地道道屈原的灵魂，或者说，这位神人，正是屈原精神和灵魂的化身。神人与灵修离合、闻女嬃之劝、向大舜陈辞、两番飞升、三次求女、左右占卜、终而"不行"，表现的是得意、失意、独立、决心、追求、失望、孤独、彷徨、绝望、眷恋，恰恰是屈原跌宕起伏、抑郁矛盾的心路历程的形象展示和独立不倚高洁人格的凸显。因此，完全可以说，《离骚》就是一首诗人灵魂在压抑中飞升的浩歌。

现实的压抑越重，精神的张力越强，在《离骚》中，我们是听到了这个灵魂的哭泣，"忳郁邑余侘傺兮，吾独穷困乎此时也"，"揽茹蕙以掩涕兮，沾余襟之浪浪"；但我们更看到了这个灵魂飞升时被极尽渲染了的肆意、纵恣、痛快淋漓的气象：

驷玉虬以乘鹥兮，溘埃风余上征。朝发轫于苍梧
兮，夕余至乎县圃。欲少留此灵琐兮，日忽忽其将暮。
吾令羲和弭节兮，望崦嵫而勿迫。路漫漫其修远兮，吾
将上下而求索。饮余马于咸池兮，总余辔乎扶桑。折若
木以拂日兮，聊逍遥以相羊。前望舒使先驱兮，后飞廉
使奔属。鸾皇为余先戒兮，雷师告余以未具。吾令凤鸟
飞腾兮，继之以日夜。飘风屯其相离兮，帅云霓而来御。
纷总总其离合兮，斑陆离其上下。

……

朝发轫于天津兮，夕余至乎西极。凤皇翼其承旂
兮，高翱翔之翼翼。忽吾行此流沙兮，遵赤水而容与。
麾蛟龙使梁津兮，诏西皇使涉予。路修远以多艰兮，腾
众车使径待。路不周以左转兮，指西海以为期。屯余车
其千乘兮，齐玉軑而并驰。驾八龙之婉婉兮，载云旗之
委蛇。抑志而弭节兮，神高驰之邈邈。

正因为此，《离骚》虽然演绎着一个追求高远却
不被世俗所容的孤独者的悲剧人生，却因其对
个体灵魂的尽情放飞，因其崇高精神冲决黑暗、
横世奔突的力度，而更给人以奇异奔放的壮美
感受。

《九歌》《招魂》：
神幻之境美的升华

《九歌》是屈原在原始祀神乐歌基础上加工而成的一组抒情诗，共11篇，具体篇目为《东皇太一》《东君》《云中君》《湘君》《湘夫人》《大司命》《少司命》《河伯》《山鬼》《国殇》《礼魂》。

"九歌"本是上古时代固有歌曲的名称，夏启"上三嫔于天，得《九辩》与《九歌》以下"（《山海经·大荒西经》）的传说已如前述，其原为巫歌可无疑矣。屈原流放所至的南楚沅湘一带，巫风盛行，仍在一一上演着原始《九歌》的神话曲目，借表现人神的燕昵之好以娱神，虽不必就是夏启时的旧歌（也有学者认为沅湘《九歌》即夏启《九歌》的遗留。）[1]，祀神却应是共同的主题。如果不是屈原流放此地，它们或许也像夏启的《九歌》一样，销声匿迹在荒野山水之间了。幸运的是，它们在历史的机遇中偶然被屈原听到、看到，被屈原润色、升华，从此便化身为一组构思奇妙、境界浪漫、文辞优美的诗歌，被永远载入文学和审美文化的史册。关于屈原《九歌》与沅湘歌舞娱神民俗的关系，今见最先为《楚辞》作注的东汉人王逸是这样说的：

> 《九歌》者，屈原之所作也。昔楚国南郢之邑，沅湘之间，其俗信鬼而好祠，其祠，必作歌乐鼓舞以乐诸神。屈原放逐，窜伏其域，怀忧苦毒，愁思沸郁。出见俗人祭祀之礼，歌舞之乐，其词鄙陋。因为作《九歌》之曲……（《楚辞章句·九歌序》）

由此可知屈原《九歌》确是在深入到沅湘之地之后，在原始祀神乐歌的基础上创作而成的。具体到创作过程，宋人朱熹说得似更中肯："……蛮荆陋俗，词既鄙俚，而其阴阳人鬼之间，又或不能无亵慢荒淫之杂，原既放逐，见而感之，故颇为更定其词，去其泰甚。"（《楚辞集注·九歌序》）由此可知屈原对于原作素材，天工斧凿的主要部分在于去其鄙陋，更定其词，保留了其原始想象、神话故事乃至人神恋爱的固有内容，却赋予人物形象、对白歌词以全新而完美的格调和形式。

《九歌》分角色歌唱，像是一出连台上演的化装歌舞，有独唱、对歌、合唱等形式，表演神和巫觋们的行事，已经有简单的情节。因此，与其说它们是祀神曲，毋宁说更是观赏性极强的歌舞剧，有着浓郁的艺术韵味。

这里首先是一个跨越人神之域的幻想境界，也是一个充满人与神、神与神感情纠葛的抒情空间，那些本令人敬畏的神灵，不但被具象化，而且被表现得极富于个性和人情味。比如《**湘君**》《**湘夫人**》（024），作为一出戏的上下本，以角色对歌的形式，表现一对配偶神的幽期欢会，写他们由思慕、企盼、误解、哀怨到赴约、幽会的甜蜜中略有风波的爱情故事[2]，其中女神已得男神赠物，却仍怕男神移情别恋，一旦往来略疏，便相思愁苦，待盼来情郎，又倾心相就，其心理情感被刻画得极其细腻。《河伯》写河神与钟情者携手同游昆仑神山及龙宫水界的旅程，以及他们依依作别的情景，则又畅快淋漓，情深意长。

《九歌》文辞优美雅丽，写景抒情细致入微，几乎每一篇都是一首动人的抒情诗。《湘夫人》开篇写男神降至北渚对情侣的寻觅，只听他唱到：

024　湘君、湘夫人（清·萧云从绘）

> 帝子降兮北渚，目眇眇兮愁予，嫋嫋兮秋风，洞庭
> 波兮木叶下。

轻风嫋嫋，碧波微澜，落叶萧萧，正托出如丝的愁绪，这是情景交融的佳句。《少司命》抒发有情人喜聚伤别的感受，便唱出言情的至理名言：

> 悲莫悲兮生别离，乐莫乐兮新相知。

《山鬼》是一位多情的女神娓娓诉说思慕恋人的苦况，最后表现她的绝望，于是：

> 雷填填兮雨冥冥，猨啾啾兮又夜鸣。风飒飒兮木萧
> 萧，思公子兮徒离忧。

《国殇》表现对战死疆场的神魂的礼赞，只见：

> 出不入兮往不反，平原忽兮路超远。带长剑兮挟秦
> 弓，首身离兮心不惩。诚既勇兮又以武，终刚强兮不可
> 凌。身既死兮神以灵，子魂魄兮为鬼雄。

它们或委婉，或深切，或悲凉，或慷慨，无不摄人心魄，具有极强的感人力量。

《招魂》则是屈原仿民间招魂词而作的一

篇十分特殊的抒情诗。"招魂"本是巫觋文化
中曾经普遍流行的巫术仪式之一，巫师通过
以什物相招或咒语呼唤的办法，召回离散的灵
魂，以救治病体，或慰藉亡灵。屈原的《招
魂》作于楚怀王客死秦国、自己被放江南之
后，所招的对象当为楚怀王，但这种招魂显然
已经不再是为巫术仪式而作，他只是借助这种
特别的方式，以寄托哀思，同时也寄寓自己的
身世之感。

　　《招魂》显然已经经过精心的构思。全诗分
序辞、招魂辞和乱辞三大部分，序辞以自抒愁苦
哀悼之情开篇，然后假设上帝命巫阳到下界为那
"魂魄离散"的亡灵招魂。第二部分为巫阳的招
魂词，形式也至为规整，分前后两节，前一节遍
陈东西南北四方和上下之恶，后一节历数楚地起
居饮食服御歌舞之美，以感召亡灵的魂魄归来。
第三部分乱辞回到现实抒情，追忆往昔楚王游猎
的盛况，以"目极千里兮伤春心，魂兮归来哀江
南"点出题旨。

　　《招魂》想象丰富而新奇，描写夸张而铺排，
辞采生动而绚烂。比如其中写上天的恐怖，令人

毛骨悚然：

> 魂兮归来，君无上天些！虎豹九关，啄害下人些！
> 一夫九首，拔木九千些！豺狼从目，往来侁侁些！悬人
> 以娭，投之深渊些！致命于帝，然后得瞑些！魂兮归
> 来，往恐危身些！

那九重天，九重门，门门都是虎豹把守，还有长
着九个脑袋、能拔起九千棵树的怪兽，更有把人
倒悬着玩把戏玩够了就投进深渊的家伙，这种描
写谁人听了能不害怕？而写故宇居室的美景，又
是奢华舒适之极：

> 翡帷翠帐，饰高堂些。红壁沙版，玄玉梁些。仰观
> 刻桷，画龙蛇些。坐堂伏槛，临曲池些。芙蓉始发，杂
> 芰荷些。紫茎屏风，文绿波些。文异豹饰，侍陂陁些。
> 轩辌既低，步骑罗些。兰薄户树，琼木篱些。魂兮归
> 来，何远为些！

这里翡翠点缀的帷帐，装饰着高大的殿堂，五彩
的墙壁，雕梁画栋，更是美不胜收。安坐在扶栏
的旁边，眼前是曲水清池，池中芙蓉花开，荷叶
如盖，足让人赏心悦目矣。

如此铺排绚丽，面面俱到，描写纵恣，不免使人想到其后的赋体。的确，《招魂》形式上与赋体已十分接近，确是可视为赋体的先声的。

《九辩》：

"摇落深知宋玉悲"

宋玉是屈原之后又一位重要的楚辞作家，他的《九辩》是楚辞《离骚》《九歌》之外又一篇力作。

像"九歌"一样，"九辩"也是固有歌曲的名称，夏启所得的"天乐"即是《九辩》与《九歌》。关于《九辩》，清人王夫之指出，"辩，犹遍也。一阕谓之一遍。盖亦效夏启《九辩》之名，绍古体为新裁，可以被之管弦。其词激宕淋漓，异于风雅，盖楚声也。"（《楚辞通释·九辩》）其中一句"激宕淋漓"，确是我们感受《九辩》诗作风格的关键。

说起来，宋玉作品的境界已经不及屈原的奇异和奔放。宋玉出身寒士，为谋出路背井离乡，百般营求，曾做过伴随楚襄王左右的文学侍臣。

景仰屈原，雅好辞赋，但只"祖屈原之从容辞令，终莫敢直谏"（《史记·屈原贾生列传》），性格上要柔弱一些。只是尽管小心伴君，也终因才华过人、曲高和寡而遭人忌恨谗害，被黜失职，《九辩》即是"贫士失职而志不平"的产物。全诗自始至终都是诗人自抒情怀，相对而言更显现实而沉郁。然而，《九辩》终究还是楚辞，他的这种沉郁，又是以"激宕淋漓"的方式表现出来的。它长达二百五十多句，辞繁声促，尽情倾吐，跌宕起伏，反复吟咏，确是"异于风雅，盖楚声也"。

就诗作情感而言，《九辩》的特点不在于同样有思君的表白，有对小人当道的愤慨，有愤世嫉俗的情绪，有持身自好的情怀，这些内容表达得再充分，也终因先有《离骚》《九章》更深刻的涉及，而显得声音微弱而重复。《九辩》所带给人们的新的美感，是宋玉基于自己的深刻体验所捕捉到的独特触角，这就是"悲秋"。

"悲秋"确是贯穿《九辩》全篇的主旋律。作品开篇即空谷来风，叩人心扉：

> 悲哉秋之为气也！萧瑟兮草木摇落而变衰。憭慄兮若在远行，登山临水兮送将归。泬寥兮天高而气清，寂寥兮收潦而水清。憯凄增欷兮薄寒之中人，怆恍兮去故而就新，坎廪兮贫士失职而志不平。廓落兮羁旅而无友生，惆怅兮而私自怜。

　　秋天是由盛变衰的季节，是暖去寒来的季节，是极目空旷的季节。对于一般的观赏者，秋天或许给他们别样的感受，然而这里却是失职的贫士，于是"天高气清""水清"只给他以习习寒意和"悲哉"之叹。这是诗人为全篇定下的基调，下面层层剥开，无论写社会，写际遇，写人生，便都被染上了秋的色彩和肃杀之气。你看"霜露惨凄而交下兮，心尚幸而弗济；霰雪雰糅其增加兮，乃至遭命之将至；愿徼幸而有待兮，泊莽莽与野草同死"，已经把对社会环境、个人遭遇及结局的感叹与对秋的描写交织在一起，真可谓景亦情、情亦景了。基于对秋色悲凉的深刻感受和真切体验，诗作对秋景多有细腻的铺陈和刻画，诸如"燕翩翩其辞归兮，蝉寂寞而无声；雁廱廱而南游兮，鹍鸡啁哳而悲鸣"，这是写秋的征候;"秋既先戒以白露兮,冬又申之以严霜……叶菸邑而无色兮,枝烦挐而交横,颜淫溢而将罢兮,柯仿佛而萎黄,"这又是写秋的惨败。只因有激宕起伏的真性情真感受在,所以这些描写多不给人以堆砌之感,反使人有如临其境的感同身受。

悲秋,这一凝结了人生易逝、悲士不遇独特感受的典型诗境,不知感动了多少落拓不遇的才学之士,正所谓"摇落深知宋玉悲"(杜甫《咏怀古迹》)。宋玉不但获得了理解,更引发了共鸣,中国审美文化史上有一种借秋景写悲愁的感伤传统,溯其源,应该说正是由宋玉发其先声的吧。

战国的开放,无疑使审美文化的各种形态都在自己的领域获得了充分展开,它们在各具特色甚至各臻其极的趣尚中,使各种审美艺术、活动和观念得以深化和升华,然而正像人类历史的辩证发展,合久必分,分久必合,审美文化趣尚也将由"道术将为天下裂"的极致走向综合和新的统一。荀子的理论已经在为这种综合做着准备,楚辞也显出南北文化合流、野性与艺术纯美交融并呈的风貌。而真正意义上的综合和统一，则是要由大一统的秦汉帝国来完成了。到那时，中国审美文化又将在新的层次上展开新的发展和演化。

〔1〕　　见潘啸龙《九歌六论》,《中国社会科学》1986年第4期。

〔2〕　　此采用林河说，见《九歌与沅湘民俗》第135页，上海三联书店，1990
年版。